南京市实验幼儿园

我的太空梦

的太空梦

南京市建邺区回民幼儿园

羊儿过生日啦！

南京市江心洲中心幼儿园

小朋友在葫芦上作画

南京市浦口区明发滨江幼儿园

移栽茄子

南京市浦口区明发东方幼儿园

看！我种的菜

南京市双闸中心小学附属幼儿园

我们都来摘扁豆

幼儿科学教育教学法

王志明　主　编

刘定秀　副主编

南京师范大学出版社
NANJING NORMAL UNIVERSITY PRESS

图书在版编目（ＣＩＰ）数据

幼儿科学教育教学法 / 王志明主编. -- 南京 ： 南
京师范大学出版社，2014.6
ISBN 978-7-5651-1765-7

Ⅰ. ①幼… Ⅱ. ①王… Ⅲ. ①学前教育－科学教育学
－教学法 Ⅳ. ①G612

中国版本图书馆CIP数据核字(2014)第106234号

书　　名	幼儿科学教育教学法
主　　编	王志明
责任编辑	王　瑾
出版发行	南京师范大学出版社
地　　址	江苏省南京市宁海路 122 号（邮编：210097）
电　　话	(025)83598919(总编办)　83598412(营销部)　83598297(邮购部)
网　　址	http://www.njnup.com
电子信箱	nspzbb@163.com
照　　排	南京理工大学印刷照排中心
印　　刷	江苏凤凰通达印刷有限公司
开　　本	787 毫米×960 毫米　1/16
印　　张	13
彩　　插	1
字　　数	237 千
版　　次	2014 年 6 月第 1 版　2017 年 12 月第 2 次印刷
印　　数	1—3600 册
书　　号	ISBN 978 - 7 - 5651 - 1765 - 7
定　　价	28.00 元

出 版 人　彭志斌

前 言

幼儿科学教育是 20 世纪 80 年代后期在改革开放思想指导下,自然常识教育改革的产物①。它继承了自然常识教育理论和实践研究的精华:重视培养幼儿热爱大自然的情感和态度;重视幼儿观察大自然、认识自然界;创设幼儿园的绿化园地,设置自然角、种植园地和饲养角等等。尤其在儿童中出现"自然缺失症"倾向的当今社会里,在幼儿科学教育中继承这些宝贵的精神财富,显得更为必要。

幼儿科学教育以科学文化文明素质的早期培养为基点,以"科学的本质"为教育的核心;重视幼儿的科学探索;重视幼儿主动构建初步的知识,学习方法和技能;重视科学教育与社会和生活的联系,保护生态环境、珍爱生命、善待生灵、善待他人等文明行为和善良品行的培养。

幼儿科学教育必须面向全体幼儿,关注个别差异。既使个别幼儿的潜能得到充分发挥,又使全体幼儿在各自水平上得到发展。

幼儿科学教育是幼儿园课程的重要领域,无论是综合、整合的课程模式,还是学科课程模式(科学、数学、健康、语言、社会、艺术)等等,都是实施体、智、德、美全面发展教育的重要部分,不能厚此薄彼,只有均衡地实施各个领域的教育,才能保证幼儿的身体的、认知的、社会情感的协调、和谐的发展。

随着现代科技的迅猛发展,STEM 教育②在全球兴起,在幼儿科学教育内容中,增添了技术和动手制作的含量,为培养爱科学、爱动脑、爱动手、爱创新的未来

---

① 本书是在《常识教学法》(1986 年由人民教育出版社出版)一书的基础上,在最新的幼儿科学教育理论指导下,修订而成。

② STEM 教育就是科学(Science)、技术(Technology)、工程(Engineering)和数学(Mathematics)的教育。

的一流高科技人才，在儿童早期有个良好的开端。

教师是实施幼儿科学教育的核心、指导者、引导者、支持者，父母是幼儿科学教育的启蒙老师。祈愿在幼儿、教师、家长、社会成员共同参与和良性互动中，共同培养热爱科学、热爱大自然的，具有科学、文化、文明素质的新一代，为实现中国梦，增添正能量！

编　者
2013 年 10 月

目　录

活动篇

理 论 篇

第一章

幼儿科学教育入门

第一节　幼儿科学教育概述

一、有关科学教育的几个概念

（一）关于科学

科学知识是特定社会背景下人类活动的产物，是人类整个实践经验的总结，是反映自然、社会和思维的知识理论体系，体现着一定的社会价值。

1. 科学是一种积极的探索

它是人们每天都在进行的一系列的活动，也就是人们寻找有关"为什么会发生这类事情和事情是怎样进行的"等等问题的答案。

2. 科学是知识

科学是有关世界和我们人类自身的知识。不同文化、不同民族的人，都要运用科学知识去从事和处理一些重要的事情。诸如吃什么食物有营养，在不同的季节应穿什么衣服，如何保护自己的身体，医生怎样治病等等，可以说人们在每个场合，每天的衣、食、住、行，都涉及科学知识，每一件事都建立在科学知识的基础上。

无生命物质的存在和变化，有生命物质和人类的生存与发展都包含着科学知识。当你听到幼儿说"星星、石头不能生长，种子撒在泥土里就能发芽、生长"时，在他的话语中就含有科学知识。因此，我们说："科学知识就在幼儿身边。"

3. 科学是一种创造性思考

科学家的发明创造,以及用新的方法探索世界,寻求新的发现,都需要创造性思考。

科学的分类有自然科学、社会科学、应用科学和思维科学。本书的内容主要是自然科学的科学教育,还包含技术内容。

自然科学是研究自然界各种物质和现象以及它们的变化和发展规律的科学,是各种物质的本质的知识体系,是人类认识自然的智慧结晶。它包括动物、植物、物理、化学、矿物、生理、气象、数学等。

科学的职能是认识自然,探索自然的奥秘,揭示自然的本质和规律,是发现知识,回答是什么、为什么。在进入现代化的今天,它还要进一步回答是怎样的、怎么来的、是谁发现的,以及在什么时候、什么地方发现的。

4. 科学态度

科学态度是指以事实为依据,实事求是,一切从实际出发,用实践检验理论和行为准则。

(二)关于技术

技术是人和自然、人和社会之间进行物质、能量和信息转换的"媒介",是变天然自然为人工自然和对社会进行调节、控制的手段。

技术是直接生产力,它渗透到生产力各要素和生产过程各环节之中,同各要素、各环节紧密结合,成为科学转化为生产力的"中介"。

技术的职能是改造自然,变天然自然为人工自然,发展新工艺,创造新产品,对自然力和自然物进行控制与利用。技术所回答的是做什么、怎样做的问题。

(三)科学和技术的关系

科学为技术提供知识,技术为科学提供应用这些知识的手段。科学上的许多重大突破,导致一系列新的技术革命,出现更多的发明、创造,改革旧技术,产生新技术和新产品。而技术又为科学探索、研究发现、揭示科学规律提供先进的工具和手段,使科学进一步发展有了可能。它们相互联系,相互促进。

随着科学技术的迅猛发展,科学和技术的统一成为现代科技的显著特征,出现了科学技术化、技术科学化的新趋势,科学和技术的关系更为紧密,不可分割。

二、什么是幼儿的科学与技术

幼儿的科学技术就在幼儿身边,就是幼儿经常接触的物质世界,包括自然界和渗透于社会生活的科技产品。诸如幼儿自发提出的问题:这是什么?鱼为什么会游?种子怎么会发芽?月亮为什么有时圆、有时弯、有时半圆?电视里怎么会有人?人为什么要吃饭?椅子是怎么做的?用什么做的?……这些问题都含有幼儿想知道的科学与技术。

三、幼儿怎样学科学?

幼儿学科学开始于好奇心,并由好奇心引起对周围物质世界的探索过程。

幼儿有个"瞎忙"阶段,他们对身边的物体都想摸一摸,看一看,摆弄摆弄,看个究竟。如有的孩子把桌上的东西(积木、皮球、铅笔、小盒子等等)一个一个往地上扔,看看会怎样:怎么滚动、怎么落地、发出什么声音,反复尝试。这就是前言语阶段水平的孩子(即不会说话的孩子)以动作显示出来的问题,是科学探索的开始,是幼儿学科学的萌芽。

随着幼儿年龄的增长,以及记忆、语言、思维、动作的发展,他们开始独立行走,接触的周围世界也日益扩大,他们会说话、能思考,在好奇心的驱使下,在生活中经常提出"这是什么?怎么这样?为什么?怎么做?"等无数问题,并通过自身的触摸、感知、观察、操作等探索活动,与自然物、科技产品相互作用,寻求答案,解决问题。这就是幼儿学科学。

幼儿与外界广泛接触,自发地进行探索时,他们发现苹果是圆的、香蕉是黄的甜的、米饭是白的、皮球会滚、小猫会"喵喵"叫等事物的外部特征。随着感知经验的积累,他们主动建构了朦胧的经验水平上的最初步的科学概念知识,并以语言与他人交流,但他们自发得到的科学经验,有的是片面的、不全面的,甚至是错误的、不科学的。

四、什么是幼儿科学教育

幼儿科学教育就是在教师指导下,充分利用大自然和周围环境,为幼儿创设条件、提供物质材料,选择适合幼儿探索的课题,以不同的方法、不同程度的指导,引导幼儿参与各种科学探索活动的过程。

幼儿科学教育的目的是引导幼儿贴近大自然，与自然物、科技产品直接接触，主动获取科学经验，主动建构初级的科学概念，学习科学方法、技能，发展智力，萌生科学兴趣，培养他们热爱大自然、爱护动植物、善待生灵、善待他人、保护环境、积极对待周围事物的情感与态度。其实质是对幼儿进行科学知识、学科学的方法与技能、情感态度等科学文化文明素质的早期培养。

例如：一个深秋的早晨，教师带着孩子们在幼儿园的绿色园地中散步。一个孩子欢叫着"快来看，一片树叶在空中翻筋斗！"有智慧的教师乘机引领孩子们观察飞舞的落叶，后又启发孩子捡拾自己喜欢的叶子。回活动室后，还请孩子们相互观看介绍拾到的各种落叶，最后请孩子们绘画"美丽的落叶"，并展示于展板上。整个过程，生成了一个由幼儿自发引起的观察，教师支持了幼儿的发现，引导孩子认知观赏秋叶，发展幼儿的观察力、语言表达能力、思维能力、审美能力，培养幼儿亲近大自然、热爱大自然的积极情感的生动的科学教育活动。

第二节 幼儿科学教育的意义

在经济全球化的今天，科学技术日益成为世界经济和社会文化发展的重要推动力，人们是否意识到科学教育的重要价值，不仅影响到一个国家的发展，还关系到世界的未来。著名科学家卡尔·萨根（Carl Sagan）说："在一个以科学技术为中心的社会，如果大多数人不懂得科学是什么，将是自杀性的灾难。"

经济发达国家早就提出，21 世纪的公民应具有一定的科学技术基础，从而把培养儿童的科学素质，作为现代教育的核心目标之一。我国正处于科学技术迅猛发展时期，为实现美好的中国梦，提高全民的科学素质，显得尤为重要。

幼儿科学教育是培养具有科学文化文明素质的新一代公民和科技人才的奠基工程。重视早期科学教育对幼儿的终身发展、社会的文明进步、人才资源的早期培养，具有深远意义。

一、有助于幼儿好奇心的满足

幼儿的好奇心是其对外界新异刺激的一种反应，表现为惊疑、注视、观察、摆弄、探究提出问题,直至寻找出问题的答案。如一个孩子,在庭院里听到蟋蟀的鸣叫声,他立刻会关注:这是什么在叫? 于是,他就随着声音,寻找它躲在哪里,终于发现在砖瓦片下面,有一只蟋蟀在叫,他非常高兴! 这就是幼儿好奇心引起了幼儿的探索,并得到了满足。

幼儿科学教育则由教师引导幼儿亲近千姿百态的大自然,接触丰富多彩的自然物、千变万化的自然现象、琳琅满目的科技产品等等,以种种新异刺激诱发幼儿的好奇心;在宁静、安全的环境氛围中,提供丰富的物质材料和有趣的科学活动;给予充分的时间,让幼儿在好奇心的驱使下进行科学探索,支持、满足幼儿的好奇心,并使其发展。

幼儿的好奇心是天生的,但存在个体差异:有的幼儿好奇心强,对周围的新鲜事物很敏感;有的幼儿则很冷漠,参与性不强。教师在幼儿科学教育过程中,应有意识地带领、关注、引导他们进行活动,感染他们,逐步地唤醒他们的好奇心。

总之,幼儿科学教育有利于诱发、支持、满足、发展幼儿的好奇心。

但是,幼儿的好奇心是柔弱的,如得不到成人的支持,甚至予以指责、压制,他们的好奇心将会日益磨灭和夭折。正如英国著名科学家贝尔纳(J. D. Bernal)所说:"科学教育的早期限制有严重的后果……当孩子年龄还小,天生的好奇心还没有被社会传统磨灭的时候,不对他们进行科学教育,就会失去唤起他们对科学持久兴趣的最好机会。"

二、有助于幼儿积累科学经验和知识,明辨是非

在科学、技术和经济高速发展的现代社会里,人们的生活水平日益提高,文化生活也不断丰富,但人们的素质未能同步得到提升。相反,由于金钱的诱惑,打杀抢掠等极端行为屡有发生;烧香拜佛、烧纸钱等封建迷信行为弥散于城乡各个角落;乱扔垃圾、随地吐痰等陋行恶习还屡见不鲜。

由于知识经验的不足和认知水平的限制,幼儿并不知道什么是封建迷信,什么是科学,难分对与错、真与假。所以,教师应对幼儿进行科学教育,引领幼儿进行科学探索,获取广泛的科学经验,并在丰富的经验基础上,主动构建初步的科学概念,习得简单的科学知识,开始懂得什么是正确的、什么是错误的,什么是科学的、什么是迷信的、什么是真的、什么是假的,什么可以做、什么不应该做,增强"免疫功能",以远离封建迷信、社会恶疾的感染和侵蚀。诸如:不玩烧纸钱等游戏,不随地大小便,不随地吐痰,不乱扔垃圾,不踩踏庄稼、绿地,不任意采摘、涂鸦,以及在公共场

所不大声喧闹,应轻声轻语,不打人、骂人,不起哄、吵架等等。总之,要让幼儿在科学教育中,在习得简单、浅陋的科学知识的过程中,播下爱科学、学科学的种子,并与文明行为自然融合,让幼儿多一点文明,少一点野性,成长为具有科学文化、文明素质的新一代中华儿女。

三、有助于幼儿获得科学探索和科技制作的技能与方法,促进其智力发展

幼儿科学教育为幼儿提供了观察、操作、探索周围物质世界的环境、材料和制作的机会。幼儿在科学探索和科技制作中,需要使用自己的感官(眼、耳、鼻、舌和双手等)感知物体的属性,观察丰富多彩的大千世界;使用工具去测量物体的大小长短,制作科技作品;运用思维器官——大脑进行思考、比较、分析、分类、综合,实现思维加工,并用口语、肢体语言、绘画等多种方法、技能去描述、表达、交流探索发现和创造的成果、感受和体验。因而,幼儿在科学探索和科技制作的全过程中,学习了感知、观察、测量、分类、描述、表达、操作、思考和制作等等学科学的方法与技能,并促进了观察力、语言、思维等智力的发展。

四、有助于幼儿想象力、创造力的发展

想象力是在已有表象的基础上,经过随意组合而产生的出乎寻常的、别出心裁的新表象的能力。想象是进行科学活动最重要的因素之一。

创造力是把过去的经验进行重新组合,加工成新的模式、新的思想或新的产品的能力。"航天之父"钱学森曾说过:"科学精神最重要的就是创新。"

年幼儿童处于想象力、创造力萌芽和蓬勃发展时期,尤其是 4～6 岁儿童,正是创造性自我表现的高峰时期。幼儿科学教育使幼儿主动获取、积累了有关大自然和科技产品的多种多样的感性经验,为幼儿的想象、创造提供了广泛丰富的资源。科学探索和制作活动又为幼儿提供了操作,表现想象力、创造力的适当机会,促使幼儿的想象力、创造力得到充分的发挥。

例:一个大班女孩,在进行"神七飞天"科学活动后,根据所吸取的有关经验,绘画了一幅富有创新的作品《太空漫游,寻找外星人》,显示出丰富的想象力和创造力。这也说明富有新鲜感、新异刺激的科学教育有利于孩子想象力和创造力的发展。

五、有助于幼儿空间思维的发展

思维是客观事物在人脑中概括和间接的反映,是以知识经验为中介,在感知觉的基础上产生,并借助语言来实现的,是认识的高级阶段。思维是智力的核心,在年幼儿童的心智发展中极为重要,也受到教育工作者的重视。但目前人们还没有普遍意识到发展儿童空间思维的重要性。

而有些国家已将空间思维的培养纳入教育内容。如美国国家研究委员会发布《学会空间思维》报告,并提出缩小其性别差异的要求。尤其在当今全球化背景下的科学教育发展过程中,美国政府提出的 STEM 计划即鼓励学生主修科学、技术、工程、数学领域的计划,更显得空间思维发展的重要性。在此提及空间思维的发展,是为了引起幼教工作者的关注。

空间思维是人脑对空间信息的加工过程。空间信息包括物体的形状、大小、位置,还包括上中下、内外、左右、前后等距离、方位、模式、过程与联系等空间的信息。

空间思维是人类认知的重要组成部分,是多元智力的一种。人们在生活、工作的许多情境中,都会用到空间思维。如人们认知各种物体的形状、大小,所处的位置、向往的地点,都需要运用空间思维来思考,形成周围环境的心理地图。如当老师拿一盆鲜艳的太阳花问孩子,把花盆放在哪里,孩子们就要运用空间思维想一想:花放在窗前? 还是橱柜上? 还是自然角里?

儿童在婴儿期用眼睛观察、用手触摸周围物质世界时,就开始形成对物体表象的认识,如物体的大小。随着年龄的增长,他们对周围环境的空间思维会得到相应的发展。如大班幼儿能告诉我们,一棵石榴树是长在幼儿园的大门口走进来的中间,有的幼儿会用积木构建航天城,有的幼儿将娃娃放在小床上等等。他们运用逐步发展的空间思维处理日常生活或游戏中的不同事件。

在幼儿科学教育过程中,在年幼儿童观察和探索大自然、周围的环境,以及科技产品或制作活动的过程中,都伴随着空间概念的认知和空间思维的运用、发展的时机。但在以往的教育中,教师没有意识到科学教育中发展幼儿空间思维的重要作用。

六、有助于幼儿适应生活,健康成长

随着科学技术的快速发展和社会化,科学技术广泛渗透于人们的日常生活,无

论是家用电器还是儿童玩具,都与科学技术紧密相连。生活在现代科技社会的年幼儿童,需要了解周围世界,适应周围环境;需要懂得家用科技产品的用途和使用方法,如怎样使用电灯、电话、电视机,不能任意触摸电插座、开煤气灶,知道电冰箱是用来冷藏食品的,而人体不能进去降温,不能在河边、江边玩水等等。简单的科普知识能给予幼儿初步的安全意识和自我保护能力,使其适应现代生活,安全健康地成长。

七、有助于促进幼儿个性(自信心、自主性、独立性等)的发展

积极的自我概念和充分的自信心是任何个体都需要的良好品质,它能使人勇于步入世界,并怀着乐观的期望去迎接生活。一个已形成积极自我概念、有自信心的孩子,他对日常生活和遇到的事物都感兴趣,并敢于尝试;相反,一个缺乏自信的孩子,遇到陌生的、未曾预料的事情,将会退缩、害怕接触等等。

而幼儿对自己能力的良好感觉以及自信心的发展,受成人教育的影响,更重要的是源自他个体内心的感受。

怀特曾说过:"无人能授予儿童有能力的体验,谁也不能给予别人有能力的感受。"教师所能做的,只是提供机会让儿童变得有能力。

幼儿科学教育,给予幼儿参与科学探索活动的机会。让幼儿自己决定使用什么方法,选择材料或内容,独立地去亲近自然界、接触各种物体,去感知、探索和操作。当幼儿有所发现,或成功地解决了某个问题和做成了一个产品时,不仅能为他带来满足感、愉悦的情绪,更能感受到这是自己的发现和成功,体验到自己的能力——"我能做""我会做!"而逐步地从有能力的感受、体验转化为自信心。例如:一个缺乏自信、遇事退居一旁、不敢尝试的孩子,在某次"物体运动"的科学探索活动中,惊奇地发现一个物体动了能带动另一个物体移动的物理现象,他兴奋地告诉老师和同伴,得到了教师的表扬、鼓励,以及同伴的羡慕,他十分高兴和自豪。从此,他逐渐地变得乐于参与科学探索活动,多次的成功,使他感受到自己的能力,增强了自信心。

同样,在非正规性科学活动中,由于经常给予幼儿选择权,让他们自己决定参与某项科学活动,自己选择材料和探索、操作方法等等,幼儿的独立性和自主性得到了锻炼和发展。

八、有助于发现有科学潜能的幼儿

年幼儿童不仅有好奇心,有创造、音乐、绘画等潜能,还有科学潜能,并在他们的言语、行为中有所显露,诸如:

(1) 对周围事物表现出敏锐的洞察力,能发现一般儿童没有发现的事实和现象。

(2) 有惊人的探索兴趣,坚持较长时间的观察、探索,寻求解决问题的答案。

(3) 比一般儿童敢于动手、尝试、追根究底。

(4) 具有超常的想象力和创造性思维。

(5) 喜欢胡思乱想,提出出乎意料的问题和要求。

(6) 对于他看到的、感受到的或听到的事件或物体表现出明显的好奇。

(7) 喜欢收集他感兴趣的东西。

例1:一个幼儿看到会说话的"芭比娃娃"后表现出极大的好奇。首先,她看看、抱抱、摇摇娃娃等等,听到了娃娃的讲话声;然后,她再次触摸娃娃全身,还不能满足、回答她的问题——娃娃怎么会说话? 最后,她把娃娃的衣服、帽子、鞋子都脱了,再按娃娃的各个部位,终于在娃娃的胸部找到了发声点,原来娃娃讲话是从胸部的发声器传出来的。找到了问题的答案,她终于满足了,而一般孩子听到说话声显露出惊疑,就没有再探索、刨根追底的精神了!

例2:小班孩子在教师引领下,在室外观察蓝天,一个孩子突然提出了"我要摸摸太阳"。这是一个奇特的要求。

例3:某日,一个四岁多的孩子发现金鱼缸里比平时多了一只螃蟹,于是他告诉了老师,老师与他一起再观察,原来是一只螃蟹脱下的壳。另一次,他又发现蚊香的烟随风吹而改变方向,表现出敏锐的观察力。

教师如能敏感地发现孩子上述种种行为表现,持久地给予关注、支持、鼓励,积极地创造条件、提供机会,让他们表达探索愿望,使其好奇心得到保护、满足,潜能得到充分的发挥,日益久之,这些孩子的潜能将转化为强烈的探索科学的持久兴趣,以及学科学、爱科学的积极态度行为。

总之,幼儿科学教育既关系幼年期的儿童身心的健康发展,又关系到未来人才的培养。其意义在于:

(1) 在幼儿心里播下爱科学、学科学、用科学的种子。

(2) 使幼儿萌生热爱大自然、珍惜生命、爱护动植物、善待生灵、善待他人、善待周围事物等情感态度,善性和文明行为。

(3) 发展幼儿的好奇心、自信心、自主性、独立性、创造性等良好个性品质。

(4) 发展幼儿的智力、技能、方法和爱动脑思考、爱动手操作的良好习惯。

幼儿科学教育,将为培养具有科学文化、文明素质的创新型人才奠定基础,为建设美丽的中国培养接班人!

复习思考题

1. 什么是幼儿科学教育?

2. 为什么要进行幼儿科学教育?

3. 观察调查一个幼儿园的科学教育的现状,记录一两个幼儿学科学的轶事。

第二章

幼儿科学教育的目标与原则

幼儿科学教育的目标是幼儿科学教育的核心,它反映时代、社会对新一代的期望,也反映对该年龄阶段一般发展水平的幼儿的要求。它是教师进行幼儿科学教育的指导方向,制订计划和评价的依据。它关系到幼儿科学教育的全面实施,制约着科学教育的内容、方法手段的选择,活动的设计,环境、设备的创新和材料的提供,更关系到幼儿科学素质的早期培养和认知、社会、情感、态度的整体发展。

第一节　幼儿科学教育的目标

一、幼儿科学教育的总目标

幼儿科学教育的总目标有如下三个方面:

(1)引导幼儿获取周围物质世界的有关自然和科技产品的广泛的经验性粗浅知识。

(2)引导幼儿学习探索科学、使用工具、制作等简单方法和技能。

(3)激发、发展幼儿的好奇心、求知欲,培养他们探索科学、科技小制作的兴趣,培养他们热爱大自然、爱护周围环境和科技产品的情感态度和行为,以及独立性、自主性、自信心、责任感等良好的个性品质。

上述科学教育总目标的三个方面:知识、方法和技能、情感和态度,是科学素质的组成部分,是一个完整的统一体,它们紧密联系、相互促进,不能任意分割,不能有所偏颇,否则都会违背科学素质早期培养的出发点。

二、幼儿科学教育总目标的解析

(一) 学习科学知识目标

以学习科学知识作为幼儿科学教育目标之一,是因为幼儿对周围世界充满好奇,有学习科学知识、认识世界的愿望;懂得一些科学知识,能够帮助幼儿理解一些在日常生活中遇到的事情及其发生的原因。如"为什么不能把冰放在口袋里?""这是什么?""为什么小孩不能碰?"(指接线板)

有人质疑幼儿要不要学科学知识,我们认为要探讨的是幼儿应该学哪些科学知识和怎样学习科学知识,而不是要不要学知识。

(1) 目标指出,由于年幼儿童的思维发展水平处于形象思维阶段,他们应该学习的是能直接接触、看得见、摸得着、观察得到、可探索的有关周围自然界的、科技产品的直接经验和建构在自己第一手经验基础上、表象水平上的概念。他们要学习的是初步的、真实的科学知识,而不是抽象的科学原理,更不是封建迷信的伪科学知识。

目标还指出,幼儿获取的知识应该是广泛多样的,都显示于幼儿周围世界,涉及天文、地理、生物、无生物(指没有生命的物质,如泥土、沙、石等)以及科技产品等等知识。这有助于幼儿适应、应用于生活和解释所遇到的事物,也有利于幼儿未来的学习和文明行为的培养,以及想象力、创造力、思维、语言的发展。

(2) 知识是在幼儿的探索自然过程中,亲身经历、主动获取的,而不是由教师灌输,被动接受的。

但是在科技发达的当今社会中,多媒体在幼儿教育中广泛应用,幼儿较多地从电视、录像片等被动接受间接经验,限制了他们接近大自然探索科学的经历和机会,对他们获取直接经验和主动构建科学概念造成了影响,这是需要注意的。更要防止将 iPad(平板电脑)和孩子生活捆绑在一起,让孩子成为"电子童奴"!

(二) 学科学的方法和技能目标

幼儿是学科学的小主人,是主动的科学知识建构者、小科学家、小工程师、小技师。他们需要一系列学科学的方法和技能,以探索自然界的奥秘,认知科技产品,进行科技小制作。科学教育就好像给予幼儿一把金钥匙,让幼儿打开学科学的大门,进入科技世界,在科学的道路上不断迈进。

幼儿学科学的方法技能有：观察、测量、分类、思考、表达交流、使用工具和制作等。

1. 观察

观察是幼儿探索自然和周围事物的主要方法。幼儿通过感知、观察，将能探索发现事物的特性、位置、事物间的关系，广泛获取第一手经验性的科学知识。这是进一步学科学的基础。（如鸡冠花是红颜色的、像鸡冠，叶子是绿色的，长在树上）

幼儿应学会：

（1）使用多种感官，观察物体的外部特征、位置、习性和事物间的关系。

（2）比较观察，观察不同物体的不同点和同类物体的相同点。

（3）观察发现自然现象或物体的变化和运动。

（4）全面和有顺序地观察某一物体。

2. 分类

分类就是根据事物的特点分别归类，是幼儿学科学的基本技能之一。它帮助幼儿把某些物体根据某一特征，归在一起，从而学会认识物体的共同性，进行概括。这是幼儿形成初级科学概念的重要方法，也是幼儿从具体形象思维过渡到抽象思维的必经之路。

幼儿应学会：

（1）按物体的外部特征分类。（如物体的形状、颜色、大小等）

（2）按物体的本质属性分类。（如物体在水中是否能浮起，物体是否被磁铁吸住）

（3）按自己规定的标准分类。

3. 测量

测量是用仪器确定空间、时间、温度、速度、功能等的有关数值。（如测量水温）幼儿测量则是运用简单的测量工具对自然物体的大小、长短、粗细、轻重和距离等进行测定量化，使幼儿对事物认识更精确。这是幼儿学科学不可缺少的技能。

幼儿应学会：

（1）目测，即用眼睛观察物体，比较大小、长短、粗细等。

（2）使用非正式量具测量，即让幼儿用一根短棒、一根绳子、一块积木等等测量物体的长短、大小、粗细等。如以绳子测量两棵树的粗细并作比较。

（3）使用正式量具，如让幼儿用尺量一量向日葵长得有多高，用温度计测一测水温有几度，用天平称一称一块磁铁、一块积木，看看哪个重、哪个轻等等。

在各种科学活动中,教师要给予幼儿学习测量的机会,让幼儿在测量过程中逐渐产生量化意识,对测量感兴趣,学会简单的测量技能。

4. 思考

思考是人类的思维活动过程,也是一种思维方式,是幼儿学科学和进行其他学习必须具有的一种方法。幼儿在学科学过程中学会思考、爱思考、爱动脑筋,如能在幼年期养成爱思考、善于思考的习惯,将有利于其思维的发展,终身受益,避免长大后成为"思想懒汉"。

幼儿应学会:

(1) 把获取的科学感性经验,进行比较、分析、概括、归类(分类)等加工处理,形成初级科学概念。

(2) 预测和推断,即根据观察、发现的科学现象或物体,结合自己已有的经验推断、预测将要发生的事情或分析原因。如孩子看到天空乌云密布,说:"爸爸,我们快回家,要下雨了。"

(3) 发现事物的不足之处(评价),或提出疑问(质疑)。

(4) 空间认知,知道物体的上中下、内外、左右、前后等位置,发展空间思维能力。

5. 表达与交流

表达与交流是要求幼儿把探索周围世界的发现、获取的感性经验、探索过程等等,经过思维的加工,以语言或绘画、图表、作品、手势等方式,传递给同伴、老师。这样既使幼儿对事物的认识理解更清晰,又有利于幼儿思维、语言的发展以及与同伴、教师的沟通交往。表达与交流是幼儿学科学必不可少的技能。

幼儿应学会:

(1) 用语言表达交流探索的发现和过程。

(2) 用图表记录自己的发现。

(3) 用绘画、作品展示学科学的成果。

6. 操作制作技能

操作制作技能就是幼儿动手或使用工具,有顺序地操作,把原材料制成预想的、需要的"科技产品",是幼儿参与科学实验、科技制作必须具备的技能。在制作过程中,幼儿动手、动脑有利于发展自身的动手能力和空间思维能力,以及独立生活能力和勤劳的习惯。

幼儿应学会:

(1) 与教师共同设计、制作产品。

（2）使用简单的工具。

（3）简单的制作技能：搓、编、制、敲打、钉、装拆、剪、切割、系扎、控、团、塑造等等。

（4）使用工具，以简单的技能参与制作简单的科技产品。如用稻草编草绳，用纸盒粘合成汽车，用芦苇编制芦苇帘。

以上解析了幼儿学科学应有的方法技能的目标，是幼儿学科学过程需要用的最基本的方法技能。它们相互联系，相互制约，在幼儿学科学过程中应结合应用，以取得良好的效果。幼儿初步掌握这些方法技能，不仅有助于幼儿独立生活和参与科技活动，而且有利于他们未来的科学学习。

（三）学习科学的情感和态度目标

情感是人对客观事物的态度的体验，是人的需要和客观事物之间关系的反映。如愉快、善良、同情、冷漠、残酷等等都是情感。情感是人们个性发展的重要方面，也是人从事活动不可缺少的重要因素。情感和人的认识活动有着密切联系，能激发认识，调节人的认识和操作，是人类从事活动的内部动力。以培养幼儿对科学的积极情感和态度为目标，意在从童年早期，就播下爱科学、学科学的种子，让幼儿萌生热爱大自然、尊重大自然、爱护动植物、善待生灵、善待他人、善待周围事物等等"善良"之心的积极情感和态度。

幼儿的情感与态度发展目标是：

（1）发展好奇心。

（2）喜欢接近大自然，在大自然中，流露愉快欢乐的情绪。

（3）爱观察动植物，愿与动植物做朋友。

（4）爱护动植物和科技产品，并有保护动植物、保护环境、爱惜科技产品的行为表现。

（5）积极主动参与科学探索、科技制作活动并有浓厚兴趣。

年幼儿童具有天生的好奇心，好奇心是他们对周围世界新颖的、陌生的、不协调的、神秘的、难以理解的事物的积极反应。他们往往对该事物产生惊异、摆弄、观察、操作等动作，以寻找有关它们的信息，进而提出"这是什么""怎么样""什么声音""什么气味""为什么""什么材料做的""怎么做的""有什么用"等等问题。

好奇心是幼儿学习的内驱力，推动他们去观察、探索、尝试、了解周围事物，是幼儿学科学的开始。幼儿学科学不能没有好奇心。

好奇心是科学发现的重要条件之一，是科学家的重要素质。科学家如果失去好奇心就等于丧失了科学创造力。好奇心促使科学家探索自然的奥秘、从事科学活动，无数科学家的发现、发明都开始于好奇、好问，而成就于好思索和探究。

伟大的科学大师爱因斯坦说："我没有特殊的天赋，我只有强烈的好奇心。"爱因斯坦的科学成就开始于"研究问题的神圣好奇"。

伟大的生物学家查理·达尔文的科学发现同样来自于好奇。他在奇花异草的生物界里，时常处于"非常惊异之中"，探索着"究竟什么力量把大自然装饰得这么美丽"。而杰出的科学家哥白尼则好奇地探究"地球到底动不动"。

科学家必定有强烈的好奇心，以上科学家的发现、发明就开始于他们的好奇心。

年幼儿童的科学探索开始于好奇，科学家的发现、发明也开始于好奇，但他们的好奇是有区别的。

儿童的好奇心是人类的天性，科学家的好奇心来自于对真理的追求和对科学规律的探索。但这两者之间没有不可逾越的鸿沟。儿童的好奇心如能在童年早期得到保护、支持、鼓励，顺利发展，将成为他们今后探索、寻求科学真理的良好基础。

为此，许多国家都在儿童早期的科学教育中，重视幼儿好奇心的保护。如美国在"科学启智计划"（A Head Start on Science Demonstration Project）的核心就是培养儿童的好奇心和探索意识，提出成人和孩子在一起，要引领、激发儿童的好奇心。但是，每个幼儿的好奇心是有差异的。作为教师有责任让所有孩子的好奇心都得到发展。

幼儿的好奇心表现为：

（1）对周围世界的事物或新异刺激产生惊疑和关注。

（2）观察、摆弄、探索关注的物件。

（3）能提出问题。

（4）对提出的问题寻求答案。

幼儿在好奇心持续发展的过程中，产生求知的欲望，并由好奇转化为对科学探索的兴趣。

同时，幼儿的好奇心也是柔弱的，容易磨灭、夭折，必须有成人引导、激发、支持、保护和鼓励。

以上解析了幼儿科学教育的三大目标，分别说明了各条目标的重要性和内涵，是幼儿科学素质教育的实质。

以上三大目标紧密联系，不可分割，它们体现了科学精神与人文精神的结合，是知识、情感与方法的和谐统一。它们隐含于幼儿科学探索的全过程,明确地制订于各个科学活动设计中,以保证所有年幼儿童受到科学启蒙教育,为他们未来学习科学文化知识、个性发展、培养科学素质,奠定了初步基础。

第二节　各年龄班幼儿科学教育目标

一、小班(3～4岁)

(一) 科学知识目标

(1) 能观察发现个别动植物的外形特征、需要和栖息地,知道其名称。

(2) 能观察发现周围自然界的动物是多种多样的,获取广泛的科学经验,初步了解它们和人们生活的关系。

(3) 观察、发现无生命物体的特征、位置和用途,知道其名称。

(4) 观察发现明显的季节特征和自然现象(如下雨、刮风)。

(5) 观察日常生活中的科技产品,获取科学经验,感受它们给人们带来的方便。

(二) 方法和技能目标

(1) 初步知道各种感官的功能,学习运用各种感官感知事物的方法,发展感知能力。

(2) 能根据物体的一个或两个特征,从一组物体中挑选出同样的物体,归为一类,学习分类方法。

(3) 能用目测,比较物体的大小、长短和形状。

(4) 能用词语、绘画描述和表达自己的探索、发现,提出问题和要求。

(5) 能动手操作,学习简单的技能。如学习系鞋带。

(三) 情感和态度目标

(1) 喜欢接触自然界,观察自然现象和周围事物,并会提出问题。

（2）关心、喜爱动植物，并表现爱护的行为。

（3）乐意参与科学探索和制作活动。

二、中班（4～5岁）

（一）科学知识目标

（1）观察、发现动植物的生长、变化及其与人们的关系。

（2）能观察、发现无生命物质的特性及其用途。（如岩石、土）

（3）能观察发现不同季节的特点，感受季节对动植物和人们的影响。

（4）能知道常见的科技产品的用途，获取具体的科技经验。

（5）能探索发现简单的物理现象。（如物体沉浮现象、磁铁吸铁现象）

（二）方法和技能目标

（1）能初步综合运用多种感官，观察周围事物和动植物的特征、所处位置，发展观察力。

（2）能按照一定的标准，对物体进行分类。

（3）能使用简单测量工具，测量物体。

（4）能以语言、绘画、符号来描述、记录、表达自己的探索、发现过程和成果、愿望和问题以及做观察记录。

（5）能在教师帮助下，动手操作，做小实验和制作科技"产品"。

（三）情感和态度目标

（1）能经常发现新异的事物或现象，提出有关问题，追究原因，寻求答案。

（2）喜欢参与探索自然界、科技产品和科技制作等科技活动。

（3）能关心、爱护动植物和周围环境，并表现于行为。

三、大班（5～6岁）

（一）知识目标

（1）能观察、发现季节变化，知道春夏秋冬四季的顺序，获取季节变化和动植物生长、人们生活关系的初步知识。

（2）初步了解人们生活与自然环境的关系和环境污染现状，知道尊重自然、珍惜生命、爱护自然资源，有初步的环境保护意识。

（3）能观察、初步发现动植物外形特征、习性与生存环境。

（4）能探索发现生活中科技产品的功用，及其与人们生活的关系。

（二）方法和技能目标

（1）能主动运用多种感官，全面观察事物，学会比较观察，发展观察力。

（2）能按照自己的不同标准，对物体进行分类。

（3）学习使用正式量具、温度计测量物体。

（4）能使用语言、数字、绘画、图表等表达自己的探索、发现，提出问题，表达愿望，并与他人交流和做记录。

（5）能动手操作，做科学小实验和制作科技"产品"。

（三）情感和态度目标

（1）对周围新异事物敏感、感兴趣，爱提问题，能主动探索，寻求问题答案。

（2）能较持久地参与科学探索活动。

（3）关心爱护动植物和无生命物质、科技产品以及周围环境等，并表现于行为。

（4）萌发对自然、对人、对物的善良之情。

以上各年龄班科学教育目标，它们互相联系，教师要根据本园具体情况及本班幼儿实际发展水平，酌情使用或以《3—6岁儿童学习与发展指南》为准。

第三节　幼儿科学教育的原则

幼儿科学教育的原则，是以幼儿科学教育的目标为出发点，根据教育规律和幼儿科学教育的长期实践经验，总结而成的。它对幼儿教师实施幼儿科学教育具有指导意义，是幼儿教师进行科学教育时必须遵循的准则。

一、面向全体幼儿和重视个别差异相结合的原则

幼儿科学教育必须面向全体幼儿,这是一个体现教育公平的原则。无论经济发达国家,还是发展中国家,都提出了这一重要的原则,就是使每个幼儿都有接受幼儿科学启蒙教育的机会,共享科学教育的资源,为培养具有良好科学文化文明素质的新一代公民奠定基础。

教师要保证所有幼儿都有参与科学探索和科技制作的机会,获得应有的科学经验和知识。让所有幼儿都能学习科学的方法、技能,以及培养积极的情感和态度。避免幼儿的好奇心、学科学的兴趣受到压制,学科学的机会被剥夺。

然而,由于生物学的原因、环境的因素和家庭背景的不同,每个幼儿的经历,科学经验的多少,智力、能力的发展水平,好奇心的强弱,对待周围事物的兴趣和态度,都存在着不同程度的差异。如有的幼儿对事物敏感,爱提问题,喜欢动手操作;而有的幼儿,对周围事物冷漠,没有兴趣,表现出明显的个别差异。又如空间思维,据研究证明,存在男女性别差异。作为幼儿教师,面对幼儿的个别差异,必须重视,这同样体现教育公平。

教师应关注每个幼儿,耐心、细致观察,发现他们对待大自然和周围事物的态度、兴趣等特点,唤醒、激发幼儿的好奇心,引领幼儿积极参与科学活动,激励他们探索科学的兴趣,促使其在原有水平上得到发展。

对于好奇心强烈、求知欲旺盛的幼儿,要尊重他的兴趣、爱好和能力,提供多样化的资源和选择空间,以满足、支持幼儿的需要,使其得到充分的发展。

总之,科学教育面向全体、重视个别差异的原则,是要保证每个幼儿都得到科学启蒙,都能在自己的水平上得到发展。

二、幼儿的科学探索与教师的指导相结合的原则

科学探索是幼儿科学教育的中心环节,幼儿只有亲身经历体脑共同活动的探索过程,才能真正成为科学的小主人,而不是被动的接受器。

(1) 探索过程保证了幼儿的感官和身体通过动作(摆弄、倾听、触摸、操作)与自然界、科技产品直接接触,相互作用,发现事物的特性,获取第一手感性经验,为形成表象水平上的概念提供了材料。不断地探索,使丰富的外部感觉经验,经过大脑的思考、概括、内化,建构为初级的概念,继而发现原有概念的不足,进行修正、补

充,发展概念。在探索过程中,幼儿会发现和获取事物间关系的感性经验,从而理解事物之间的关系。如在探索"种子发芽"过程中,幼儿连续地获取了"种子发芽"与土壤、水的关系的感性经验,从而理解了它们之间的关系。因此,可以说探索是幼儿获取第一手科学经验、习得真实的科学知识必不可少的过程。

(2)探索过程有利于激发幼儿学科学的内部动机,发展好奇心、兴趣、求知欲和对周围事物的积极态度。

在由好奇心激起的科学探索过程中,幼儿获取了有关事物的感性经验,找到了问题的答案,得到了正反馈,增添了正能量,满足了好奇心。而这又激发了幼儿的内部动机,再探索的愿望和兴趣,从而推动幼儿学科学。不断的良性循环,让幼儿形成对周围事物的积极态度、爱科学、爱大自然的情感,以及勤思考、好奇、好问、好探索的良好品性。

(3)探索过程是促进幼儿独立性、自主性、自信心、责任性和同伴合作等品质发展的过程。

在探索周围世界时,幼儿相对独立地进行感知操作,发现未知事物,感受解决问题的喜悦,体验自己的能力以及和同伴合作的欢乐。这些只能靠幼儿亲身经历探索过程才能得到,是教师传递科学知识过程不能取代的。

(4)探索过程是幼儿学习科学的方法、技能,发展智力的过程。

幼儿在探索过程中,学习感知、观察周围自然物,操作科技产品,发现它们的属性,吸取多方面的经验和信息,用思维的器官——大脑去思考、比较、分析、分类、归纳、综合,把已得的经验进行思维加工,并用语言、绘画、图表等方法技能去描述、记录、表达、交流自己发现探索的问题答案、感受和体验。在这过程中幼儿学习了学科学的方法技能,发展了智力。

以上分析了科学探索的重要和独特的作用,教师必须给予重视。在幼儿科学探索过程中要相信他们,大胆放手让他们独立探索。但这不等于放任自流,教师要进行恰当的指导、引导和必要的告知。诸如:

(1)教师带领幼儿走进千姿百态的大自然或设置环境,提供设备和材料,引发幼儿的好奇心和探索兴趣,引导幼儿积极、主动地进入探索过程。

(2)在探索过程中,要造成幼儿的认知冲突,激起其进一步发现、寻求问题的答案。多提开放性的问题,启发幼儿从多视角去观察、探索和思考。

(3)对于幼儿不可能通过探索、发现得到的具体事物的名称,要直接指导——告诉他们。如梧桐树,太阳花,磁铁,宇宙飞船,抽水机,骆驼,松鼠等等。

以上简述了幼儿科学探索和教师指导(直接和间接指导)相结合的原则,教师可随机应用,以取得理想效果。

三、幼儿科学认知的连续性和渗透性相结合的原则

科学是幼儿课程五大领域之一,它和其他各领域都有内在的联系,不能绝对分割。但科学的知识经验具有其自身的连续性和知识体系。幼儿已有的和未知的经验都是连续的,有结构体系的。这样的经验性知识有益于幼儿记忆、理解和应用,更隐藏着知识概括化、复杂化和连续发展的基础。例如幼儿对某株植物的认知,从幼儿对它个别特征经验的获取到形成初级概念,再扩展延伸到形成类概念,进而认知该植物的生长环境,是从浅到深逐步发展的连续过程。这对知识贫乏、正在逐渐成长的幼儿是必要的。但在当今的幼儿科学教育中,有为了适应主题活动的需要而忽视科学认知连续性的倾向,这是值得注意的!

幼儿科学教育也不是孤立的,它与语言、数学、社会、艺术等领域的教育都有内在的联系,相互渗透。它们紧密结合,将会使幼儿的科学学习的内容更生动,富有情趣,更易理解记忆,并促进幼儿认知、艺术、社会审美情感等发展。

(一) 幼儿科学教育与语言教育相结合

语言是人们认识世界、相互交往、进行思考的工具,是人类文化的载体。一方面,幼儿在探索、学科学的过程中,需要以语言描述、表达他们在科学探索中的发现、获得的经验、使用的技能方法和感受体验等,并与同伴交流。还能借助阅读文学作品(科学童话、故事、儿歌、诗歌等)传递科学知识,使幼儿更易理解和扩展科学知识,增添学科学的兴趣,发展幼儿的思维和想象能力。另一方面,科学教育中幼儿习得的科学经验,也充实、丰富着幼儿语言的内涵,促进幼儿语言、思维的发展。

(二) 幼儿科学教育与艺术教育相结合

幼儿科学教育与艺术教育结合,使幼儿在科学探索中发现的事物和自然景象、经历的过程以及感受、体验、想象等,凭借艺术手段(绘画、塑造、制作、音乐、舞蹈等)生动地表现出来,他们的情感和愿望得到尽情的抒发,探索的经历得到真实的记录。如"在太空中寻找外星人"的绘画,"种子发芽"过程的记录,"柳树姑娘"的歌唱,"小白兔"的塑造等等。这不仅为幼儿学科学增添了无限乐趣,还加强了幼儿对科学知识的理解和记忆,激发了他们爱科学、爱自然的情感,发展了幼儿的想象力和创造力,也为幼儿的艺术创造丰富了内容。总之,科学与艺术的自然融合,将为

幼儿的科学认知和审美情感的发展,增添无限活力。

(三)幼儿科学教育与社会教育相结合

社会是人类生存和发展的环境,幼儿是社会的成员。幼儿学科学与他们生活的社会环境紧密联系,他们的初步科学认知与他个体的社会化,社会情感、行为态度的培养绝不可分。科学教育不能与社会割裂,单纯追求知识传授。例如:当教师引导幼儿观察认识小小青草后,幼儿走过草地时,是保护正在生长的小草,还是为了个人方便,任意践踏嫩嫩的小草? 认识小动物,是爱护,还是戏虐? 这都与幼儿的社会情感行为紧密相联。

(四)幼儿科学教育和数学教育相结合

幼儿科学教育与数学教育的关系更是密不可分。幼儿认知的自然物、科技产品都含有数和形的元素,数寓于万物之中,如一棵树、两朵花、三辆玩具汽车、许多积木等等。它们都处于一定的空间,有特定的形状。有经验的教师,将抽象的数和具体形象的物自然联系,使幼儿既学了科学又学了数学,使整个教育活动生动活泼,从而取得良好效果。具体案例详见经验介绍篇"花生的秘密"。

以上简单说明了幼儿科学教育需要与各学科领域教育紧密联系,以保证幼儿认知和情感、身体的健康发展。

四、幼儿科学教育与日常生活相结合的原则

幼儿的日常生活,是幼儿园教育的重要组成部分,其中蕴藏着科学教育的价值。幼儿科学教育应从生活入手,引导幼儿感受科学技术对生活的影响,在幼儿的心灵,点点滴滴地注入科学的精神营养。近几年来,结合幼儿日常生活进行科学教育,已引起幼儿教师的关注。

(一)幼儿的最初科学经验来自于生活

年幼儿童对周围世界最初的感觉经验,源自于他们的生活,并以生活中日益积累的经验为基础,在他们的大脑里建构起有关自然物、科技产品,以及它们和人们生活的关系等最初步的科学认知结构。也就说幼儿所学的科学知识,开始于生活。例如:一个孩子见到一条新鲜的绿色黄瓜后,他就说:"这是黄瓜,我吃过的,脆脆的,水分很多,很好吃,还可烧来吃,我喜欢吃的。"他对黄瓜的认识,就来自于他生

活中的感觉经验。

（二）日常生活是幼儿学科学的源泉

年幼儿童生活在丰富多彩的环境里，多变的自然现象、绿色的树木森林、绚丽的花卉、机灵可爱的动物，他们吃的蔬菜瓜果、稻谷杂粮，还有接触使用的各种物质材料、科技产品（用具、玩具、交通工具等等），都与幼儿的生活——衣食住行紧密联系。它们都是幼儿探索、学习的鲜活的素材。

例如：活动设计"长长的海带"就来自于幼儿吃海带的生活经验。

再如：教育幼儿"节约每一滴水""不乱扔垃圾""让我们的环境更美好"，都与幼儿的日常生活紧密联系。

幼儿科学教育与幼儿生活相结合，使幼儿探索周围物质世界的科学场扩大，内容更丰富。由于内容来自于幼儿生活，贴近幼儿生活，使幼儿更易于理解而有亲切感，有利于提高幼儿学科学的兴趣，还有利于个别化教育。

幼儿科学教育能否与日常生活相结合，关键是教师。教师应具有现代的儿童观和教育观，具有一定的科学素养和敏锐的观察力，能洞察幼儿的言行，在日常生活中，随机地、灵活地引导幼儿学科学。

如在晨间活动时，带领幼儿在园地里浇花，在自然角里给小金鱼喂食；在午餐后带幼儿散步时，观察绿化园地里植物的生长；在幼儿洗手时提醒幼儿节约用水；在饭桌上发现孩子撒饭粒，选择"爱护庄稼、节约粮食"的课题等等。总之，教师要成为在日常生活中进行科学教育的"有心人"，使幼儿科学教育与幼儿的日常生活紧密联系起来。

以上陈述了幼儿科学教育的四个主要教育原则。此外还有"课内外相结合""三个活动相结合"等原则，为了避免重复，将阐述于以下相关章节。

第四节　教师是实施幼儿科学教育的核心

科学教育是幼儿园课程的重要组成部分，是幼儿教育的五大领域之一。它是教育改革的产物。自幼儿常识教育改为幼儿科学教育后，教师从知识的传递者、灌输者转换为幼儿学科学的指导者、引导者、支持者和活动设计者。教师要根据幼儿科学教育的目标，制订教学计划，决定内容，选择方法，设计教育活动，指导幼儿探索科学的过程直至评价，从而形成一个完整的教育流程。教师成为幼儿科学教育的核心。

为了保证幼儿科学教育的质量，突出教师在科学教育中的核心作用，本书专辟一节重点陈述。

作为实施幼儿科学教育的核心人物，教师应尽力做到如下几点：

（1）要提高科技意识。科技意识就是对科学技术、科技人才的重大社会作用的正确认识。作为幼儿教师要意识到在当今社会里，科学技术已经成为世界经济社会文化的中心，世界各国都把科学、技术教育，培养科技人才作为发展战略的重要环节。我国同样把提高全民族的科学素质、培养新型的科技人才作为科学教育的重要任务。

幼儿科学教育虽然不是直接培养专门的科技人才和具有技术水平的劳动者，但幼儿教师承担着在早期儿童的心灵里，播下热爱科学、热爱大自然的种子的重任。在幼儿教师队伍中，尚有一些教师科技意识相对淡薄，对科学教育的重视程度不够，因此提高教师们的科技意识，是非常重要的。

（2）要正确地认识儿童。教师要正确地认识每个幼儿都是一个独立完整的个体，都有独特的个性，正处于不断发展的过程中。但由于每个幼儿所生活的环境、经济、教育、文化背景的不同，他们的能力、发展水平，都存在差异。为此，教师在幼儿学科学的过程中，要尊重他们的个性，接纳幼儿发展水平的差异。要满足、呵护、支持他们的好奇心，鼓励和引导他们的探索兴趣，适当帮助他们解决操作中的困难，理解和宽容他们的错误，赞扬他们的成功和创造。

（3）要为幼儿学科学创造条件。教师要善于为幼儿学科学营造宽松安全的环境，提供适宜幼儿探索、制作的物质材料，给予充分的时间，让幼儿无拘束地、自由地观察、探索大自然，操作物质材料，制作、创造科技产品。

（4）教师要平等地对待每个幼儿，积极参与科学活动，建立密切的师幼关系。倾听、了解幼儿的需求，给予适时的指导、热情的支持、必要的帮助，形成良好的互动。使每个幼儿都敢于尝试、敢于提问、敢于操作、敢于创新。

（5）教师要有爱心、热爱孩子、尊重孩子、热爱科学、热爱大自然，积极参与科学活动，以自身的行为和感情感染、影响幼儿。要不断学习，扩展科学知识面，热情投入科学教育实践研究，积极参与"科学磨课"活动，提高教学水平，成为一名优秀的科学教师，为培养具有科学文化文明素质的新一代公民而努力！

复习思考题

1. 幼儿科学教育的总目标是什么？你是如何理解的？

2. 为什么将发展幼儿好奇心作为幼儿科学教育的重要目标提出？

3. 幼儿科学教育的方法技能的目标有哪些方面？试述它们的重要作用。

4. 试述幼儿科学教育的情感目标的重要意义。

5. 幼儿科学教育的原则有哪些？

6. 为什么说科学探索过程是幼儿科学教育的中心环节？

7. 你在幼儿科学教育中怎样贯彻面向全体幼儿与重视个别差异相结合的原则？

8. 你在日常生活中是怎样对幼儿进行科学教育的？

9. 为什么教师是实施幼儿科学教育的核心？

第三章 幼儿科学教育的内容

幼儿科学教育的内容，就在幼儿身边，丰富多样。幼教工作者面对大千世界，需要根据科学教育的目标和幼儿发展水平，精心选择，为幼儿提供有兴趣、可探索、易理解，有发展价值、教育价值的内容。

为此，教师在选定教育内容时，必须经过多方面的思考。

第一节　选择幼儿科学教育内容的要求

一、启蒙性

启蒙即让初学的人得到基本的、入门的知识。幼儿科学教育内容的启蒙性要求，是由于幼儿的知识贫乏和智力发展水平的局限性，他们正处于学科学的初始阶段。他们对周围世界的感知、观察和思考往往是笼统、朦胧、模糊、表面和局部的，他们有自己对世界的看法。但他们因好奇心的驱使，渴望认识世界，提出种种问题，以求解答。科学启蒙教育，就是以幼儿想知道很多很多，而又知道极少为起点，为他们提供周围生活中有趣的，可探索、观察、操作的，很简单的内容，以支持他们的好奇心，满足他们渴望知道的相应具体形象的知识经验，而不是以抽象、深奥的抽象概念和原理灌输、充满他们的头脑，仅是幼儿学科学入门。

二、科学性

幼儿科学教育内容的科学性，是指让幼儿真实地感知、理解周围生活中的物质世界、自然现象、自然物和科技产品等，他们学到的都是真实的、第一手的科学经验和知识。不能曲解事物的真相，更不能以谬误、迷信来解释周围的自然物、自然现象和社会现象，传播迷信、邪说，甚至制造恐怖。必须真实反映周围世界，以免给幼儿的心灵蒙上神秘的阴影，影响其身心的健康发展。

三、地方性和季节性

自然界的任何生物与无生物，它们的生存与发展，都依赖于环境。如有趣的企鹅生活在寒冷的南极；珍稀的丹顶鹤则要在气候适宜的滩涂上生存；鲜活的鱼虾离不开江、河、湖、海；甜甜的荔枝和龙眼只能生长在热带、亚热带地区，如广东、广西、福建；羊群则适宜生活在大草原。即使是沙、土、石等无生命物质的存在都与所处的地理环境有关。

自然界中的各种自然现象的发生和变化，也都与季节变化有着关系。植物的生长、动物的活动也受季节影响。如春天的露水、夏天的虫鸣、秋天的落叶、冬天的白雪——都和季节紧密相联。

我国幅员辽阔，地势与气候各不相同，自然资源又丰富多样，都带有地方特色。而年幼儿童因自身认知发展的特点，他们需要和认知对象直接接触，去感知、观察，从而认识周围世界。这就需要教师在选择科学教育内容时，考虑孩子们所处的生活环境，注意地方性和季节性。尤其是对散居在各地的农村幼儿老师来说，扎根本土和就地取材，显得更为重要。在科学教育活动中，带有浓浓的乡土气息会让孩子们感到亲切，他们会显得活跃、兴奋而富有感情。具体案例详见活动设计"江苏土特产——如皋萝卜"。

正如苏联教育家乌申斯基所说："如果让学习不成为枯燥、抽象、片面，而意图促使幼儿得到生动的、协调的、完整自然的发展，那么，无论什么时候都不应当忽略地方和时间。任何一种事件，只要是学生在熟悉地方见到的，而又有某种季节特点，就会深深地扎根在儿童的心灵。"

要做有智慧的幼儿老师，明智地选择教育内容，让热爱大自然、热爱家乡、热爱生命、保护生灵、呵护自然的情感，深深地扎根于幼儿的心灵。

四、广泛性、多样性和代表性

年幼儿童生活于变化无穷的大千世界里，他们接触的周围事物，显示了极大的广泛性和多样性，它们激起幼儿的好奇，让他们产生无数的疑问，提出各种各样的问题,有生物的、无生物的、物理的、化学的、地理的、气象的,甚至还有航天技术的。即使是动物就有天上能飞的、地上能走的、水中会游的等等。为此,选择广泛、多样的内容是满足幼儿的好奇心,帮助他们探索世界、认识世界的需要,也是贴近幼儿生活、取材于幼儿生活的体现。

让幼儿在早期获取广泛、多样的经验,有利于他们适应生活,理解周围世界,而丰富、多样的经验积累,更有利幼儿语言、想象力、创造力的发展,什么"瞬间顿悟""眉头一展,计上心来"都有赖于知识经验的丰富,更重要的是会激发他们对周围世界广泛的兴趣。这对他们未来的生活、学习,甚至个性的发展都有重要的、积极的作用。

科学教育内容的广泛性、多样性,并不等于混乱、繁杂,还要注意内容的代表性。例如水是幼儿日常生活天天接触到的,通过他们自身对水的感知、实验、操作,他们不仅能获取有关经验,建立起表象水平上的概念,还能迁移有关知识经验于其他无生命物质,这将为幼儿未来学习科学建立初步基础。

五、体现科技发展的时代特点和传承民族文化的优秀传统

随着现代科技的迅猛发展,科技成果迅速运用于社会,渗透于社会生活。在幼儿的周围世界里,科技产品琳琅满目,品种繁多,如儿童玩具、生活用品、学具等等,不仅丰富了幼儿的生活,还引起了幼儿的好奇和探索兴趣。因此,将与幼儿周围世界紧密联系的,又能满足幼儿的好奇,能让他们理解的科技产品,如家用电器、电动玩具、交通工具等等,引入幼儿科学教育,使幼儿感受到科学技术为人们生活带来方便,体验时代气息和生活在现代社会的幸福,具有重要意义。

另一方面,我国有着几千年优秀文化传统,优秀的民族文化传统,必须依赖于教育,使之得以保存、传递、延续发展和再创造。把优秀的民族文化渗透于科学教育内容中,与当代科技相结合,更有其深远意义。

如元宵节的"观花灯""中国的丝绸"课题,给予幼儿观察、接触、探索的是丰富多彩的实物,和它们发展的具体内容。这在潜移默化中影响了幼儿的情感世界,让幼儿萌发了民族自豪感,体会到现代科技发展的时代感,以避免幼儿产生只有外国的产品好的片面认识,忘记了祖宗创造的优秀民族文化!

第二节　幼儿科学教育的具体内容

幼儿科学教育的具体内容是幼儿学习科学的实质部分,内容丰富、多样,涉及面广。本书根据幼儿科学教育的目标,幼儿的认知水平、理解能力、兴趣以及教育实践研究,提出下列内容,供教师结合所在地区的实际情况和幼儿的生活经历,选择使用。

一、生命科学

(一)人体

人是有生命的个体,人的生命是宝贵的,但又是脆弱的,以保护生命,关注健康、安全、自我保护意识,远离危险为幼儿科学教育内容是很有必要的。(为了避免与儿童健康教育学科领域重复,不在此详述。)

(二)植物与动物

植物和动物是自然界中的有生命物体,是人类的宝贵财富。它们具有鲜明的色彩、生动的形象、无限的活力,是年幼儿童感兴趣、爱观察、喜探索的对象,是进行生命科学启蒙教育的基本内容,更是培养幼儿热爱大自然、尊重大自然、保护自然物的积极情感的重要内容。

1. 植物

幼儿可以学习的有关植物的科学内容包括:

(1)广泛观察周围环境里的树木花草,探索发现植物是多种多样的、有生命的,是我们的朋友,要尊重、爱护它们,不能损害它们。

(2)观察几种植物,探索发现它们都有独特的外形特征和结构。

(3)观察、发现植物需要水、土地、阳光、空气和生长的空间,才能生存、生长。

(4)观察、探索、发现植物生长在不同的地方,初步了解植物与环境的关系。

(5)观察、发现植物的生长过程。从种子—发芽—生长—开花—结果,初步了解它们的生命周期。

（6）观察、发现不同季节，植物生长的状况，发现植物与季节的关系。

2．动物

幼儿可以学习的有关动物的具体内容包括：

（1）广泛观察各种动物，发现动物是多种多样的。各种动物有不同的外部特征、结构、行动的姿态和习性。

（2）观察、发现动物是有生命的。它们需要水、食物、空气、栖息地等才能维持生命(活)。教育幼儿要保护、珍爱动物，不任意残虐小动物。

（3）饲养小动物，观察、发现动物的生长、繁殖等生命周期。

（4）观察、探索各季节对动物的影响，发现季节变化和动物生活的关系。

（5）饲养、管理小动物，学习照料小动物的技能方法，如怎样养蚕、喂桑叶等。获取人和动物相互关系的具体经验，知道动物是我们的朋友，培养幼儿关爱、呵护动物的情感和行为。

二、物质科学

无生命物质是自然界的重要组成部分，是幼儿在周围环境中经常接触的物体。幼儿通过观察、摆弄、操作，能发现它们的性质、位置、运动和用途，获取有关的科学经验和知识，从而引起关注和探索的兴趣，拓展视野。

（一）岩石和土壤

幼儿可以学习的有关岩石和土壤的具体内容包括：

（1）观察、摆弄岩石，发现岩石独特的性质，各种形状、不同的颜色、不同的质地(光滑、粗糙，软硬，轻重等)。

（2）观察探索周围环境中的岩石和所处的位置，发现岩石的用途。

（3）观察、感知土壤的特性——干土、湿土、气味、吸水等，发现岩石和土壤的不同特性。

（4）观察、探索周围环境中的土壤，发现动植物和人们都离不开土壤，初步理解土壤对人和动植物的重要作用，教育幼儿保护土壤，防止污染。

（二）水

水是人类宝贵的自然资源，是人和其他所有生物生存的必需物质之一。

幼儿在生活中天天接触水，饮水、用水，但他们并不懂得水的重要作用。进行有关水的科学启蒙教育,可帮助幼儿理解水的特性,水对人们生活和有生命物体的重要性,初步知道要节约用水和保护水源,不随意污染水、浪费水。

幼儿可以学习的有关水的科学内容包括:

(1) 观察、感知、发现水的特性(纯净水没有颜色、味道、气味,会流动,水往低处流)。

(2) 在日常生活中观察水源,探索发现水来自江、河、湖、海、井、降雨等。

(3) 做实验,发现有的物体会溶于水,有的物体不溶于水,并作分类。

(4) 做实验,发现有的物体沉于水,有的物体浮在水面上,并作分类。

(5) 做实验,发现水的三态变化,初步理解温度与水的三态变化的关系。

(6) 结合幼儿生活经验,讨论水和人们的生活、动植物生长的关系。初步理解水对人和其他有生命物体的重要性。

(7) 观察周围环境中水污染的现象,初步理解污染的水对人的身体健康有害,教育幼儿要保护水的洁净,不乱扔垃圾于江、河、湖、海中,不喝污水、生水。

(8) 教育幼儿远离水源,注意安全。

(三) 空气和风

空气是人们生存不可缺少的环境因素,它关系到人类健康和动植物的生长。当前空气污染已成为全球化的严重问题,是环境教育的重要课题。

幼儿可以学习的有关空气和风的科学内容有:

(1) 通过游戏、实验操作,初步了解空气的特性(看不见、摸不着、嗅不到,能感觉到的一种气体)。体验人需要空气,没有空气就不能生存。

(2) 观察工厂、卡车、公交车、小汽车、拖拉机、摩托车排放的烟雾,发现空气被污染的严重现象——霾,初步懂得污染的空气有害于人体健康。教育幼儿要经常去空气新鲜的户外呼吸新鲜空气,增进身体健康,有雾霾时不去户外活动。

(3) 师、幼、家长互动,共同讨论怎样能呼吸到新鲜空气,让生活更美好。

(4) 游戏、操作、探索"怎么会有风"。

(5) 在日常生活中观察风,并感受、发现风和风向(东风、北风、西风、南风)。

(6) 通过制作风车、放风筝等体验风力。

(7) 结合生活经验,讨论风的益处和害处。

三、自然现象

（一）气候与季节

气候与季节是人类生活和动植物生长的环境因素，幼儿对气候与季节变化充满好奇，常提出"雷公公为什么发怒？天空的云为什么会走？怎么会下雪？怎么会有霾？"等等，试图探索大自然的奥秘，寻求答案。

幼儿可以学习的有关气候与季节的科学内容包括：

（1）观察天空的云彩，空气和雨、雪、雾等自然现象，引起幼儿的关注和兴趣。

（2）观察晴天、阴天、雨天，并以图做记录。

（3）观察、探索四季的明显特征，以及四季变化与人们生活、动植物生长的关系。

（4）根据气候变化，采用方法保护身体，以适应环境的变化。

（二）物理现象

1. 光

光是幼儿经常接触的物理现象，无论是自然界的阳光，还是人工制造的灯光或物体燃烧的火光，他们都会作出反应，产生兴趣，渴望探索光的奥秘。幼儿通过对光的探索，将初步理解周围世界中有关光的科学现象，获取有关经验，为入学后学习提供经验性知识。

教师在进行有关光的科学教育时，可以：

（1）引导幼儿通过日常生活中的观察，发现各种光源。如日光、人造光（灯光），物体燃烧的光。

（2）引导幼儿讨论光在人们生活中的作用。让幼儿知道我们的眼睛要有光线才能看到东西。

（3）引导幼儿观察、探索光和动植物的关系。

（4）与幼儿做"捉影子游戏"，发现影子与光的关系。

2. 声音

早在婴儿期，孩子对周围世界的各种声音就会作出敏锐的反应。他们会寻找声音的来源，对熟悉、好听的声音流露出愉悦的表情，对噪音表现出惊慌和不安。随着年龄的增长,他们会对各种声音,如小猫的叫声、小鸟的歌唱声、汽车的喇叭声等等,产生好奇和兴趣,还会模仿周围世界的各种声响,自发地吸取各种声音的感觉经验。有关声音的启蒙教育,有助于发展幼儿的听觉能力和注意力。具体内容有:

(1)引导幼儿倾听日常生活中不同的声音,发现耳朵能听到各种声音。有乐音、噪音,有好听的声音、难听的声音,知道耳朵的功用,初步懂得保护耳朵。

(2)通过敲击不同材料的物体,探索、发现不同的物体会发出不同的声音,感觉物体的振动产生声音。

(3)引导幼儿观察、发现人们用声音作信号(如哨子声、铃铛声、喇叭声等)开展工作。

(4)让幼儿懂得噪音使人烦恼,影响健康,教育幼儿在公共场所要轻声说话。

3. 电与磁

在科学技术飞速发展的时代里,电与磁已在家庭、学校、工厂及公共场所广泛应用。它们也同样进入幼儿的视野,出现在他们的生活和各种活动中。他们提出各种问题,寻求答案。为了满足幼儿的好奇心,培养他们的科学兴趣,同时,为了向幼儿进行安全教育,远离危险,以电与磁为科教内容,更有必要。具体内容有:

(1)让幼儿观察常见的家用电器,发现电能产生光、声、热和运动。

(2)与幼儿共同讨论使用电器的方便,教育幼儿怎样安全用电,随手关灯,节约用电。

(3)与幼儿共同操作电动玩具,发现电池的功用,并教育幼儿要回收废电池,防止污染环境。

(4)让幼儿观察不同形状(棒状、马蹄形)的磁铁。

(5)让幼儿操作磁铁和其他的物体,观察发现磁铁能吸住含铁的物体,不能吸其他的物体,并进行分类。

(6)让幼儿用磁铁做游戏,发现磁力能穿透各种材料。

4. 力和物体运动

力是物体之间的相互作用,能使物体变形、加速和运动,它有方向、大小、作用点三个要素。运动是物体位置不断变化的现象。

力和运动相互联系,普遍存在于人们的生活中。如幼儿推一辆玩具小车向前走,把地板上的积木搬到桌上,拿一只小水壶下楼,到花园地里浇水等等。他们手臂的肌肉都会有紧张感。这都是由于力作用于物体,使物体向上向下、向前向后、向左向右运动。这种物理现象,普遍存在于幼儿生活中。如果老师能有意识地引导幼儿去观察、操作、感受、体验,发现日常生活中有关力和运动的物理现象,获取一些感性经验和生动的表象,进行科学启蒙,将对幼儿理解力和运动,培养他们对物理的兴趣,促进其空间思维的发展起积极作用,多一些爱好物理、学物理、研究物理的新一代! 具体内容有:

（1）通过幼儿的游戏或操作活动,让幼儿感受、体验、发现力能使物体运动。如推拉能使物体向前、向后运动,抛球能使球向上或向前滚动,扔积木则积木向下垂落等等。引导幼儿发现用力使物体向不同方向运动的物理现象。

（2）让幼儿观察几种使用各种力的用具,如:自行车（人力）,风车（风力）,电风扇（电力）等等。让幼儿发现并理解力的作用,使物体运动。

（3）通过游戏,让幼儿在不同光滑程度（光滑与粗糙）的板面上行走或跑步,感受摩擦力。

（4）让幼儿操作天平、玩跷跷板,探索、发现、体验力的平衡。

（5）师幼互动,讨论在日常生活中发现的"力和运动"现象。

四、地球与空间科学

三四岁的幼儿经常会自发地仰望太空,观察宇宙中的星星、月亮,对它们有天然的兴趣和好奇,提出有趣的问题:"月亮上有兔子吗?""星星为什么一闪一闪?""太阳公公晚上睡在哪里?"等等,他们希望飞向太空,探索宇宙的奥秘。教师如能以地球与太空作为科学教育的内容,将能支持、鼓励、发展幼儿的好奇心,开阔他们的眼界,使他们激发兴趣,增长知识,发展想象力、创造力等,对他们今后学习空间科学打造一个良好的开端。

（一）人类的绿色家园——地球

幼儿可以学习的有关地球的科学内容包括:

（1）地球是一个圆球体。

（2）通过观察,让幼儿发现地球的表面有岩石、土壤、砂、水、气体和有生命的人、动植物以及建筑物等等。

（3）师幼互动,共同讨论,让幼儿知道世界上只有一个地球,人们都住在地球上,以及怎样来保护我们居住的美丽家园——地球。

（二）太阳

教师在进行有关太阳的科学教育时，可以：

（1）让幼儿戴上太阳镜，观察太阳，发现向四面八方发射的彩色阳光，感受阳光的温暖和炎热，初步知道太阳是个大火球。

（2）让幼儿观察或做实验，探索植物离开太阳光的照射，将会发生什么。

（3）结合幼儿日常生活的经验，师幼共同讨论：没有太阳，地球上将会怎样；人和动植物将会怎样。初步知道人和动植物都需要温暖的阳光。

（三）月亮

教师在进行有关月亮的科学教育时，可以：

（1）通过亲子活动，让幼儿连续观察月亮的变化，并做观察记录，发现月亮有满月、半月、月牙等情态。

（2）通过录像或图片，向幼儿介绍宇航员登月球的情况。

（3）让幼儿绘画"梦想飞往月亮"。

（四）星星

教师在进行有关星星的科学教育时，可以让幼儿观察天空有许多星星，有火星、水星、土星、金星等等，它们都离我们很远。

（五）太空中的现代科技

1. 空中客车——飞机

有关飞机的教育内容，具体有：

（1）通过参观飞机或看录像，师生共同讨论飞机的外形、特性和用途，请坐过飞机的幼儿介绍乘坐飞机的经历、感受和乐趣。

（2）教师提供材料，让幼儿制作飞机或绘画飞机，发展幼儿的动手能力、想象力和创造力。

2. 火箭与飞船

有关火箭与飞船的教育内容，具体有：

（1）教师、幼儿、家长互动，观看神舟飞船升天录像，收集资料，共同讨论，交流飞船升天和宇航员生活等有趣信息。

（2）提供绘画纸张、制作材料、泥土、积木等等，让幼儿自由选择，制作"火箭""飞船"，建筑"航天城"，绘画"太空梦想"，制造"宇航员生活用具"等等。发展幼儿动手能力和制作技能，以及想象力、创造力，培养他们的制作兴趣。

（3）介绍宇航员，引导幼儿关注太空，激发他们探索宇宙奥秘的兴趣，为幼儿今后学习空间科学奠定良好的开端。

五、科学技术教育

幼儿科学技术教育有两个含义，一是幼儿观察探索大自然，获取初步的科学知识；二是幼儿通过动手做，利用自然物或材料制作"科技产品"。两者既有区别，又有联系。以下的内容，既有对单独科技产品的认知，还有科学探索与科技制作结合在一起的科技活动，都是为了培养幼儿探索科学、制作科技产品的兴趣，促进幼儿动手能力、思考力、想象力、创新能力的发展。

（一）认识生活中常见的科技产品

生活中常见的科技产品是科学技术应用于生活的具体体现。可以让幼儿：

（1）观察、认识家用电器，学习简单的使用方法，师幼共同讨论交流，感受现代科技给人们生活带来的方便。

（2）观察身边的各种现代交通工具（汽车、电动车、地铁、火车、轮船等），知道其用途，与同伴交流乘坐现代交通工具的感受和经历。教育幼儿注意安全。

（3）观察工农业使用的现代工具（如拖拉机、插秧机、收割机、洒水车、水泥搅拌机等等），初步知道其功用。

（二）认识简单工具，学习简单技能

教师在引导幼儿认识简单工具，学习简单技能时，可以让他们：

（1）观察公园或幼儿园的园艺工人怎样使用工具（大剪子）修剪树枝，用他们熟练的技能，把花园打扮得更美丽。让幼儿知道工具的用处，对工人叔叔的修剪技能感兴趣，并教育幼儿要尊重工人的艰辛劳动。

（2）认识几种简单工具，如无锋的剪刀、刀子、小锤子、刷子、订书机、榨汁机、小锤子等，知道它们的功用。

（3）学习简单的技能方法，如学习剪、切、团、压、捏、敲、钉、编、扎、捆、装、拆、黏合等等技能技巧，并能应用于科技小制作。

（三）动手制作"科技新产品"

教师不仅可以引导幼儿探索科学现象，还可以在此基础上，引导他们学习运用工具和材料进行简单的科技制作。比如：

（1）教师提供原料或材料，幼儿动手操作，制成成品。如提供面团和馅料，让幼儿做成饺子，用碎木块粘合成某一物体（小房子、小汽车等）。

（2）引导幼儿认识工具，并使用工具和材料制成"科技产品"。如：① 认识订书钉，知其用途；② 学习使用订书机；③ 应用订书机，订一本小画册（制作成品）。

（3）幼儿科学探索发现和科技小制作相联系。如：① 幼儿在江滩边观察、发现芦苇，然后以芦苇的鬟穗捆扎成扫把；② 以稻草编成绳子；③ 观察发现艾草，动手操作制成青团等等。具体案例详见"活动篇"。

（四）讲述科学家、发明家、工程师、技师、技工等的故事

教师可以给幼儿讲述科学家、发明家、工程师、技师、技工等的故事，介绍他们的事迹，带领幼儿参观工厂或建筑工地，观看技师、技工们怎样工作，初步了解他们的艰辛劳动，让幼儿萌发爱慕之情，从而尊重和敬爱科学家、发明家、科技工作者和工人们，尊重他们的劳动。教育幼儿从小就要爱动脑、勤动手，做个热爱劳动的小主人。

幼儿科技教育的内容，是随着时代的步伐，科技工作、高科技人才的需要等发展的趋势，在 21 世纪增添的新内容。它是边实践、边研究的产物。愿幼教工作者，在教育实践研究过程中不断丰富、充实幼儿科技教育的内容。

六、生态环境教育

生态环境是人类和其他有生命物质赖以生存和发展的物质条件，它包括阳光、空气、水、土壤和生物等自然环境要素。保护生态环境、维护生态平衡是人类的重大使命，进行生态环境教育是幼儿科学教育的重要内容。

科学技术的飞速发展和经济的繁荣，给人们的物质生活带来极大的方便。但由于人们对大自然的无限索取，自然生态遭到严重破坏，生态失去平衡，自然灾害频频发生，珍稀动物近于灭绝，气候变暖，空气污染严重。尤其是近年来，雾霾问题在各地频频出现，成为全球关注的环境问题。雾霾对于正处于成长期儿童的危害超过成人，对幼儿进行环境教育成为世界各国的迫切任务。应当把环境教育纳入

幼儿园课程,让幼儿从小就懂得要爱护环境,有初步的环境意识。祈盼我们的天真活泼的孩子,能快乐健康地生活在充满新鲜空气的蓝天下。

有关生态环境教育的具体内容有:

(1) 让幼儿知道大自然是我们的朋友,教育幼儿热爱大自然,尊重大自然,爱护大自然,和大自然和谐相处。

(2) 让幼儿知道不能乱扔瓜皮、杂物,要保持环境的清洁卫生。

(3) 教育幼儿爱护树木花草,不乱涂鸦,爱护动物,不戏虐小动物。

(4) 教育幼儿在公共场所不大声喧闹,要轻声讲话。

(5) 让幼儿初步知道雾霾是空气严重污染的现象,有害身体健康,教育幼儿在雾霾天气不要到户外活动。

生态环境教育的内容很丰富,上面仅提出五点,不少内容已融入其他相关章节,故不在此重复。

以上六个方面的幼儿科学教育内容,涉及的知识面广,都是幼儿经常接触、渴望知道的初步知识。教师可根据幼儿的兴趣、提出的问题等实际情况,选择适宜的内容,设计科学活动,供幼儿探索、学习,而不是将全部知识机械地灌输给幼儿。全部内容仅供参考。

复习思考题

1. 选择幼儿科学教育内容的要求有哪些?

2. 有生命物质有哪些特点?

3. 你认为幼儿可以认识的简单工具有哪些? 科技制作有哪些?

4. 介绍几样你家乡具有地方特色的科学教育内容。

5. 为什么要对幼儿进行生态环境教育? 你认为幼儿生态环境教育包括哪些内容?

第四章
幼儿科学教育的活动

第一节　幼儿科学教育活动的意义和类型

"没有活动,也就没有幼儿的学习。"幼儿需要活动,对活动感兴趣,乐于在活动中学习,在活动中思考,在活动中得到发展。早在 18 世纪,著名教育家卢梭就提出:"儿童具有他自己的真正活动,而不真正利用这种活动并扩展它,教育就不能成功。"他的这一理论发现,使卢梭成为教育界的"哥白尼"。通过活动学习是年幼儿童学习的特点。

一、幼儿科学教育活动的意义

幼儿科学教育重视幼儿自身的活动,强调幼儿在科学活动过程中探索、发现、学习、发展。这是现代幼儿科学教育的基本观点和关键。

幼儿科学教育研究证明,幼儿在科学教育活动过程中,获得了科学经验,主动建构了初步的概念,学习了学科学的方法和技能,发展了智力,满足、发展了好奇心,增添了科学探索的兴趣;熏陶了热爱大自然的情感,培养了对周围事物的积极态度和行为。

幼儿科学教育活动的意义主要体现在以下几个方面:

（1）科学活动为幼儿提供了独立操作、探索周围自然界和各种物体、动手制作"产品"的机会。

（2）科学活动的新异刺激,不断激发、满足幼儿的好奇心,引起幼儿探索、求知的强烈愿望。

（3）提供了学习观察、实验、制作、思考、交流等科学方法和技能的机会。

（4）给予幼儿得到成功的体验，感受自己的能力，增强自信心的可能。

（5）为幼儿带来兴奋和无穷的欢乐，有益于其身心健康发展。

二、幼儿科学教育活动的三种类型

（一）正规性科学活动

正规性科学活动是在教师直接指导下，根据幼儿科学教育的目标，有目的地选择课题内容，设计活动，提供相应的材料，开展幼儿的科学探索或科技制作活动。它面向全体幼儿，要求每个幼儿都参加集体的或分组的活动。具体案例见活动设计"磁铁的奥秘"。

（二）非正规性科学活动

非正规性科学活动是在教师间接指导下，由教师为幼儿创设一个宽松的环境（如科学桌、科学发现室、科技制作区等），提供多种材料，引导幼儿参与自己喜爱的科学活动。

（三）偶发性科学活动

偶发性科学活动是在幼儿周围世界中，突然出现的某一自然科学现象、自然物或科技产品，激起幼儿的好奇，导致幼儿自发参与的一种科学活动。

以上三种科学活动互相联系、相互补充，共同实现幼儿科学教育的目标。

第二节　幼儿科学教育活动的作用和指导

一、正规性科学活动

（一）正规性科学活动的特点和作用

一般来说，正规性科学活动具有如下特点和作用：

（1）面向全体幼儿,要求全班幼儿(全体或小组)都有机会参与同一科学活动。

（2）保证每个幼儿都能在教师指导下,经历科学探索过程,学习科学知识、方法、技能,感受、体验学科学的乐趣。

（3）保证全体幼儿都在原有发展水平上得到提高。

（4）幼儿是学科学的主体,是相对独立的、主动的探索者和制作者,而不是被动的接受器。

（5）教师是幼儿科学活动的指导者,而不是科学知识的灌输者。

（6）采用集体教学的组织形式,保持了集体进行活动的一种特定的学习气氛,幼儿能感受到共同学习的快乐情绪体验,有利于形成集体学习的习惯。

（二）正规性科学活动的设计

正规性科学活动,是教师面向全体幼儿进行科学教育的核心环节。它的设计直接影响到科学教育活动开展的成功与否。在设计正规性科学教育活动时要把幼儿科学教育的总目标、内容,逐一转化为教师与幼儿互动,幼儿可探索、可操作的具体行动计划。

一般来说,幼儿教师都很重视幼儿科学教育活动的设计,期望达到预定的目标,让幼儿愉快地学科学,健康地发展。那么怎样设计正规性科学教育活动呢?

1. 活动目标的设计

一般来说,正规性科学活动应体现如下三个方面的目标:① 科技知识经验;② 幼儿学科学和制作的方法技能与智力发展;③ 情感和态度。

以上三方面应有机联系,既要避免彼此割裂,又不随意忽视某一方面。更要周密思考,了解幼儿的发展水平和幼儿对科学内容的已有经验,把握好目标的深浅度。

例如:中班科学活动"晶莹的露珠"。

目标:① 让幼儿知道露珠不是从天上掉下来的;② 让幼儿关心、观察接近地面的自然现象;③ 激发幼儿探索自然的兴趣,感受大自然的美,这样的目标比较适合。若增添了"露珠"怎样形成的内容,对中班幼儿就显得深了。

2. 活动环境和材料的设计

环境和材料的设计是幼儿进行科学活动的保证。① 宽松的心理环境,将使幼儿具有安全感,没有顾虑地,轻松、愉快地投入科学探索或制作活动;② 物质环境,由于科学教育的特殊性,除了在室内需有开展探索或科技制作活动的宽敞空间外,还要根据科学活动的具体内容,安排在户外进行,可以考虑把幼儿带入大自然,如广阔的田野、公园、博物馆、天文台等等社会场所;③ 为了每个幼儿都能与探索的物体直接接触,最好是人手一份材料或工具,材料必须安全、卫生(如班级人数多,可分组进行)。

例如"磁铁的奥秘"课题(中班)设计为每个幼儿都有一盘物体(包括磁铁一块,铁制品、塑料、木材、布、玻璃制品等若干样)。又如:"编稻草绳",为每个幼儿提供若干稻草。教师也可根据探索或制作活动的内容,分组提供材料和工具。

这样的环境和物质材料设计,会给教师增添不少工作量。但只要每个孩子都有独立、自主的探索和制作机会,真正成为学科学、学技能的主体,教师的辛苦都是值得的!

3. 活动过程的设计

幼儿科学活动探索过程的设计是教师实施科学教育的关键。它关系到教师的指导、启发,师幼的互动,幼儿的兴趣、积极性的发挥,科学经验知识的获取等等,以及能否达到预设的科学活动目标。

过程的设计应从活动的目标出发,围绕该活动的科学内容,设计进行探索的先后程序。

(1) 活动导入的设计。

活动开始的设计,教师应考虑怎样诱发幼儿的好奇心、激发他们的兴趣,吸引幼儿积极主动地参与活动,投入探索或制作过程。从实践研究中总结,大致有以下几种方法。

一是从幼儿提出的问题导入。

例如:在夏末初秋的早晨,幼儿来园后,三三两两在绿色园地里戏耍、散步,自发地议论着。

甲:"怎么草地上有一粒粒小水珠?"

乙:"真漂亮,昨天晚上下雨了?"

丙:"不是下雨,地上是干的。"

甲:"没下雨。"

乙:"那这小水珠哪来的?"

有经验的、敏感的老师,就从孩子的疑问出发,很自然地带领着孩子们在园地里观察"晶莹的露珠"。一个别开生面的观察、探索自然现象的科学活动,由此开始了。(详见活动设计"晶莹的露珠")

二是从提供的具体材料开始。

在幼儿面前放一盘材料。教师说:"请你们随意玩一玩这些材料,然后告诉老师你们发现了什么。"一次有趣的探索"磁铁的奥秘"的活动,在孩子们对磁铁的好奇心的驱使下开始了。(详见活动设计"磁铁的奥秘")

三是从幼儿的已有经验入手,让幼儿有亲切感,使幼儿很自然地进入科学活动。

例如:在"机灵的猴子"课题中,教师只说一句话:"爸爸妈妈带你们去动物园时,你们看见小猴子了吗? 它们在干什么?"孩子们顿时兴奋起来,回想起在动物园看见的猴子俏皮、有趣的情景,有关机灵的猴子的信息交流活动由此开始,并以孩子们扮演猴子、画猴子、共赏"猴子"作品,结束了有趣的科学活动。

其他活动导入方式还有直接提问、情境设置、指令等等,教师可根据目标、内容来思考创新导入科学活动的种种方法,使科学探索活动从开始就让幼儿感到新奇有趣,激起他们强烈的探索愿望。

(2) 活动的探索过程的设计。

探索过程的设计,关系到幼儿是否真正成为科学探索的主人。它依赖于教师的丰富教学经验和智慧。

一是探索过程的程序设计应是宽松、灵活、开放的结构,而不是机械、呆板、不可变的封闭性结构。

二是探索过程的设计应保证幼儿有充分的时间观察、探索、思考、表达、交流提问和寻求问题解决等等。教师要避免以自己的语言取代幼儿独立探索、发现的机会。在实践中经常会看到教师自己津津乐道,剥夺了孩子们有兴趣的探索活动时间,或以语言终止孩子们的探索。

三是教师要设计有质量的问题,引导和启发幼儿观察、操作、探索、发现,获取信息,学习学科学的方法、技能,描述表达感受,体验愉快的情绪。

例如:"奇怪的石头"课题,教师提的问题:

a. 刚才你们拣了不少石头,现在玩一玩,你们发现了什么? 石头是什么样的?

b. 石头怎样才能发出声音?(这是教师临时补充的问题,因有孩子拿起一块石头在听)

c. 这些石头一样吗? 哪里不一样?

d. 你在哪里见过石头? 它们有什么用?

e. 挑选一块你喜欢的石头,说说你为什么喜欢?

……

以上问题都是开放式的,能拓宽幼儿的思路,引导幼儿多角度、多方位地探索、思考、描述、交流,而不是封闭的,如只要求幼儿回答"是"或"不是"、"好"或"不好"、"喜欢"或"不喜欢"。

(3)活动结束的设计。

在活动结束时,教师可以和幼儿共同评价活动,鼓励他们的成功,以激发幼儿再探索的愿望。尤其对能力较弱的个别幼儿,更要鼓励他们再尝试,建立自信心。对于探索活动的材料,教师与幼儿一起整理安置于科学桌、自然角,以便进行再探索和观察。

以上介绍了教师怎样设计正规性科学活动,除了自行设计幼儿的科学探索活动外,教师还可选用已编好的活动设计。无论运用哪种活动设计,在指导幼儿进行科学活动的过程中,还需注意以下几点(在活动设计中已提到的,不再重复):

其一,教师要全面理解、领会活动的目标和内容,围绕目标展开活动。

其二,教师除了应具备广泛的科普知识,还需要掌握相关内容的知识,甚至需要查阅一些资料,以便深入浅出地指导,当幼儿提出问题时,因势利导,给予适当的帮助或引导,以免临时手足无措。例如在进行"探索观察昆虫"活动时,一个幼儿突然冒出一个问题"蜘蛛是不是昆虫?"有的幼儿说"是",有的幼儿说"不是",教师犹豫了,接着说:"你们回去考考爸爸妈妈"。教师虽然摆脱了困境,但把问题推给了家长。如果教师有这方面的知识,至少可以告诉幼儿"蜘蛛不是昆虫"。有经验的教师还可启发幼儿数数蜘蛛有几对足,昆虫有几对足,作个比较,让幼儿自己得出答案。

其三,教师对科学要有兴趣,对大自然、自然物要热爱,有爱心、有同情心,以感染敏感的幼儿情感。如对小动物的关爱、呵护,对植物的培植保护等等,都会直接影响孩子们的情感、态度和行为。

其四,在科学探索过程中,教师和幼儿要和谐相处,相互合作,才能师幼良性互动:以一种信任、尊重、协商平等的态度对待幼儿的科学探索;以亲切的语调或手势、表情等体态语言接受幼儿的建议和要求,鼓励幼儿的发现创造和提问,对有困难的儿童给予耐心的帮助,千万不能急躁,损伤幼儿的自尊心。如对小班的幼儿说:"请你们仔细看看、轻轻摸摸、闻闻××花,花是什么样的? 请你们找找活动室里有哪些东西是木头做的? ……"运用"请"体现了教师对幼儿的尊重,平等的态度让幼儿有亲切感,不会紧张。切忌"这不准,那不许"的禁令或责问、训斥,使幼儿无所适从。

又如在"寻找和捕捉蚂蚁"的活动中,有的幼儿没有捉到蚂蚁,教师不是责问,而是说:"等会儿游戏时还可以去捉"。这会让幼儿没有压力。这不仅是教师的说话艺术,更是教师对孩子的爱和尊重。

二、非正规性科学活动

非正规性科学活动是幼儿科学活动的重要部分。它是由教师为幼儿创设一个宽松和谐的环境(科学桌、科学角、科学发现室、科技制作区等),提供各种科学活动的设备和丰富多样的、相互匹配的材料,引发幼儿的好奇心和探索制作的愿望,让每个幼儿都能按照自己的兴趣和意愿,从自己的发展水平出发,运用方法和技能进行科学探索和大胆尝试,创造新的作品。它和正规性科学活动有较大的区别。

(一)非正规性活动和正规性活动的区别

正规性科学活动和非正规性科学活动的区别如表 4 - 1 所示。

表 4 - 1

正规性科学活动	非正规性科学活动
(1) 有特定的课题,面向全班幼儿,要求所有儿童都要达到课题目标 (2) 有专门的科学活动设计和计划 (3) 有教师规定的活动内容和提供的统一的材料 (4) 全班或几组幼儿在同一时间内进行同一种科学探索活动 (5) 教师需为全班幼儿的活动提供较大的空间和同样的材料 (6) 保证每个幼儿在教师指导下有步骤地进行活动 (7) 集体的组织形式	(1) 没有特定的课题和要求幼儿一定要达到课题的目标 (2) 没有具体详细的活动计划或方案 (3) 教师提供丰富多样的材料。幼儿可以自主选择活动内容和材料 (4) 幼儿参与科学活动的时间和探索过程由幼儿自己决定 (5) 在同一时间里,或在不同时间内,每个幼儿独立进行不同的科学活动 (6) 教师为幼儿提供的环境,可根据幼儿园的情况,可大可小,但必须有一定的活动空间 (7) 教师以引导、鼓励、支持幼儿探索为主,幼儿在活动中自由度比较大 (8) 没有固定的组织形式,以个别活动为主,或两三个幼儿自愿组合,共同探索和制造"产品"(如几个幼儿合作创制"神舟飞船",两人合作榨果汁)

（二）非正规性科学活动的特殊作用

由于非正规性科学活动给予每个幼儿较大的自由度，从参与什么科学活动、选择什么材料、运用什么方法进行探索，是个人独立操作还是与小伙伴共同活动以及在什么情况下终止活动等等，幼儿都需要进行独立思考，自行选择，作出决定。这对于幼儿思维的器官——大脑、进行探索操作活动的双手以及独立的人格，都给予了极大的锻炼机会。为此，它对于幼儿学习和整体素质发展具有独特的作用：

（1）能更好地满足幼儿的好奇心、探索愿望，促进幼儿好奇心和科学兴趣的发展。

（2）适合不同发展水平的幼儿参与不同的活动或同一种活动不同层次的操作，经历各种探索过程，使每个幼儿在不同水平上有所发展，获得成功，不仅获取了丰富多样的经验，还增强了自信心。

（3）能充分发挥幼儿的独立性、自主性、创造性，最大限度地发展幼儿的思维和动手操作能力，学习制作技能。

（4）有利于培养幼儿独立思考、勤于思考的习惯。

（5）使幼儿更能感受到自己是独立的人，学科学的小主人。

但是，在实践中，有的幼儿园混淆了两种活动的区别，在科学活动区、科学发现室里，仍然是在教师直接指导下，有计划、有目标地进行某一课题的正规性科学活动，只是幼儿人数的相对减少而已。这样，以正规科学活动取代了非正规科学活动，就会削弱非正规科学活动的独特作用，这是不可取的。

（三）非正规性科学活动的引导

非正规性科学活动给予幼儿较大的自主权和自由度，但不是放任自流。教师仍然要集中注意，给予幼儿的科学活动更多的关注，观察、了解幼儿探索科学的情况，并给予适当的引导。

（1）提供多样的设备材料，以丰富的外部事物，激发幼儿的好奇心，使他们主动地、有选择地参与某项科学探索活动或制作活动。

（2）当幼儿进入活动后，教师要观察幼儿参与活动的各种状况。如果有幼儿犹豫不决，教师可及时给予指点，帮助幼儿作出选择。

（3）当每个幼儿都进入探索活动后，教师要耐心、全面、细致地观察幼儿的探索、操作活动。如幼儿怎样使用材料，怎样与客体相互作用，有什么问题和困难，需要什么帮助。要让幼儿有充分的时间反复操作，避免过多的干预导致幼儿思维中断、活动终止。

（4）对于动作灵敏、发展较快的幼儿，启发他们进一步思考、探索、再制作。对于发展迟缓、害怕困难的幼儿给予适时的引导、帮助和鼓励，以增强他继续探索的信心，重于探索制作过程，不要忙于追求科学探索和制作的结果。

（5）鼓励幼儿相互合作、相互交流。

（6）在探索制作活动结束时，教师要求幼儿必须整理、收拾活动材料。

（7）在整个非正规性科学活动中，教师要以热情、平等、尊重的态度对待每个幼儿，或参与幼儿的活动，使幼儿感受到安全、愉悦、轻松而没有压力，从而能专心致力于探索或制作。

（四）非正规性科学活动环境和材料

创设环境和提供物质材料是幼儿开展非正规性科学活动的关键因素。（详见第六章）

三、偶发性科学活动

（一）偶发性科学活动的特点

偶发性科学活动具有如下特点：

（1）教师事先没有特定的计划和课题。

（2）教师不专门为幼儿提供任何设备材料，幼儿由某一物体或自然现象引起好奇并自发探索。如有几个孩子在园子里看到几只蚂蚁在搬面包屑，就停下来观察它们搬食物的情景，蚂蚁越来越多，他们也看得更有兴趣，提出问题，观察蚂蚁把食物搬到哪里去。

（3）教师没有规定的科学教育内容，但幼儿探索的内容广泛、生动、丰富多样，可涉及天文、地理、动植物、季节、气象、科技等等各方面，大大小小，无所不有。

（4）科学活动的产生没有固定的地点，它可以产生于幼儿园活动室的一角，也可能发生在室外的大树下，可以在城市的马路旁，也可能在田野上，更多地在幼儿家庭里。凡是幼儿涉足之处，偶发性科学活动都有可能出现。

（5）没有特定的时间，春、夏、秋、冬，晨间或傍晚，游戏活动时，洗漱、进餐时，除了幼儿睡眠时间外，都有可能有幼儿津津有味、专心致志于科学探索。

（6）偶发性科学活动大都产生于好奇心强烈、探索需求迫切、观察敏锐的个别幼儿或群体中。

（二）偶发性科学活动的独特意义

偶发性科学活动具有如下独特意义：

（1）由于偶发性科学活动的出现来自于幼儿的内部动机，幼儿对活动的主动性、积极性特别强，探索兴趣特别浓，探索持久性特别长，给幼儿留下的印象也会特别深刻。如教师能对此进行积极支持和引导，对于幼儿科学兴趣的培养，独立性、主动性、创造性、好奇心、自信心和智能的发展，广泛科学经验的获得，都有重要意义。

（2）有利于发现有科学潜能的幼儿。理论和实践研究认为，有科学潜能的幼儿往往对周围自然现象很敏感并显示出强烈的好奇心；对动植物、人类、气候、物理等等科学现象都有浓厚的兴趣；他们会直接想出问题，直接想办法解决问题；能观察到别的儿童看不到的细节；像一个热情的探索者热爱大自然；非常专心致志于自己的活动等等。成人的关心、重视和支持，对于这些有科学潜能的幼儿未来的学习和发展，将会有极大的影响。

（三）教师对偶发性科学活动的态度和指导

据观察了解，幼儿园教师对幼儿偶发性科学活动有三种态度：

（1）教师积极支持、鼓励、引导，使幼儿的探索活动健康发展。

（2）教师对幼儿的偶发性科学探索视而不见、听而不闻，既不支持，也不压制，致使幼儿已出现的探索、发现自生自灭。

（3）教师对幼儿的积极探索加以干预、压制，甚至训斥，使幼儿颇有兴趣的探索发现活动被迫终止。久而久之，将导致幼儿强烈的好奇心被磨灭，刚点燃的科学火花被窒息。

显然，后两种态度是不可取的，教师积极关心、引导，才是正确的态度。

教师在幼儿偶发性科学活动中的引导作用主要体现为：

（1）观察、发现。

教师在重视偶发性科学活动的前提下，要随时关心幼儿的一切活动，洞察幼儿在干什么、说什么，尤其是某个幼儿蹲在那里或几个幼儿聚在一起，对外界事物似乎"漠不关心"，这可能正是幼儿的偶发性科学活动出现，幼儿在专心致志地探索之时。此时教师要抓住时机，去观察发生了什么，并及时了解幼儿做了什么。

（2）热情支持。

当教师发现幼儿在进行偶发性科学活动或某个幼儿兴冲冲地来向教师报告某

某地方发生了什么"特殊事件"时,教师要耐心倾听,并随着幼儿到"事件"的发生地,观看了解实情,支持幼儿继续探索,或是与幼儿共同参与活动,使幼儿感受到教师在接受他们的"报告",热情支持他们的活动。

(3)适当引导。

幼儿在进行偶发性科学活动的过程中,专心于探索活动时,教师要耐心观察活动的进程和幼儿的情绪,不予干扰;当幼儿遇到困难时给予适当的帮助;当幼儿提出问题时,教师不急于回答,引导鼓励幼儿继续探索,自己探求答案;当幼儿提出合理要求时,给予帮助;当幼儿突然终止活动时,教师以平等的身份参与活动,使活动继续开展;当幼儿发生争吵时,建议幼儿共同协商予以解决;当幼儿在活动中获得成功时,与幼儿共享成果。(有些做法,三种科学活动可共用)这样的引导,不仅丰富了幼儿的科学经验,更重要的是满足了幼儿的好奇心,让他们体验到成功,感受到欢乐,增添自信,使燃烧的幼儿科学探索火花,随着活动的过程越烧越旺,使幼儿学科学的兴趣和求知欲进一步得到发展。

四、三种科学活动的关系

以上分别阐述了正规性科学活动、非正规性科学活动和偶发性科学活动这三种幼儿科学探索活动。它们相互联系、相互补充、相互转换,正规性科学活动的内容可以延伸到非正规性科学活动,非正规性科学活动或偶发性科学活动的内容,也可能转换形成正规性科学活动的课题,作为全班学科学的内容。如幼儿在正规性科学活动制作"小小不倒翁"中,余兴未尽时就可转入非正规性科学活动,让幼儿继续探索制作。如某个幼儿对苦瓜的内部产生好奇,情不自禁地折断了自然角的一只苦瓜,探索个中究竟,教师对他不仅没有任何指责,而且灵活地将个别幼儿的偶发性科学事件转为全班的正规性科学活动,让每个幼儿把苦瓜探索一番。这不仅满足了个别幼儿的好奇心,还给予全班幼儿一次学习科学的机会。

作为幼儿教师,要将三种科学活动有机地结合,充分发挥它们不同的作用。这既保证了全班幼儿得到科学启蒙教育,又为每个幼儿不同的科学兴趣、爱好的培养和个性发展提供了可能。此外,三种科学活动还要和其他领域的教育活动结合,相互补充,为实现幼儿科学教育的目标、实施科学素质和整体素质的培养发挥重要作用。

复习思考题

1. 试述幼儿科学活动的重要性。
2. 幼儿科学活动有哪三种？它们的特点和作用是什么？
3. 根据你所在幼儿园的实际情况,设计一个有特色的正规性科学活动。
4. 介绍你所在幼儿园的非正规性科学活动的环境和设备。
5. 举例说明你是怎样支持偶发性科学活动的。

第五章
幼儿科学教育的方法

幼儿科学教育的方法丰富多样，包括观察、科学小实验、科技小制作、种植、饲养、散步、旅行、游戏以及语言、美术等等文化、艺术方法。幼儿教师可以通过多种方法开展科学教育活动，以满足幼儿的好奇心，满足他们探索周围世界、学科学的需要，促进幼儿的发展，实现幼儿科学教育目标。

第一节　观察与实验

一、观察

（一）观察的重要作用

观察是一种有目的的知觉活动，是人们运用眼、耳、鼻、舌、手等感觉器官感知周围世界的认知活动。观察法是科学家研究科学和年幼儿童探索大自然、学科学的基本方法。

幼儿通过观察，直接与周围自然界接触，探索、发现大自然的奥秘，发现问题、提出问题、寻求问题的答案，从而获取关于周围世界的广泛的第一手经验。而这进而激起幼儿探索大自然的兴趣，再次进行观察、探索，不断积累经验，形成丰富的表象，为幼儿形成表象水平上的初级科学概念和知识奠定基础。在观察过程中，幼儿学习了观察的技能，发展了观察力，并为语言、思维、想象力、创造力的发展提供了广泛的经验、丰富的表象。而敏锐的观察力不仅有助于儿童的学习，而且为其长大成人从事各项工作比如科学、文学、艺术等奠定基础。观察与操作（做）有密切关系，但操作不能取代观察。

观察还渗透于幼儿的科学小实验、种植、饲养、散步、游戏等等活动中,各种学科学的方法都离不开观察这个基本方法。幼儿进行社会、健康、语言、艺术等各领域的学习也同样需要观察。

但是,幼儿不是生来就会观察的,他们不会运用各种感官全面感知事物的特点,有的幼儿只会用眼睛观看他感兴趣的部分,不会用手触摸,更不会运用听觉、嗅觉和味觉;有的幼儿观察时,注意力不稳定、不持久等等。这就需要教师在幼儿观察过程中给予相应的指导。

(二)观察的种类及其指导

在幼儿科学教育过程中,一般运用个别物体观察、比较观察、长期系统观察、随机观察等等。每种观察都有它自身的特点,但又互相联系,不能绝对分开。

1. 个别物体观察及其指导

个别物体观察是指幼儿对某一自然物、自然现象或科技产品进行观察、探索。

(1)个别物体观察的对象。

一是观察个别物体的外部结构、特征和功能。如观察和感知物体的形状、颜色、大小;物体发出的声音高低;散发的不同气味;软和硬、粗糙和光滑、轻和重;光度、湿度等等特征和属性。

二是观察物体或现象的变化。包括自然物的生长周期。

三是观察物体存在的周围环境及其位置、关系。

(2)教师在幼儿个别物体观察过程中的指导要点。

首先,要引起幼儿观察的兴趣和愿望。

如教师让幼儿猜个谜语:"壳儿硬,壳儿脆,四个姐妹隔墙睡,从小到大背靠背,盖的一床疙瘩被。"孩子们有的猜"花生",有的说"荔枝"——就在此时,教师拿出核桃,引起孩子们的惊奇,立刻把他们的注意力吸引到观察对象上。然后教师分发给每个幼儿一个核桃。一次以"核桃"为课题的正规性科学观察探索活动由此开始了。有的孩子看,有的孩子摆弄、摸、捏、滚等等。有的说:"核桃上面是突出来的。"有的说:"有的地方是低下去的。"有的说:"像个圆球,是硬的。"有的孩子竟然提出问题:"核桃长在哪里?"有的孩子要求"打开来看看"。这样的观察探索活动,调动了幼儿观察的主动性、积极性,让幼儿认识了干果"核桃",学习了观察方法。

其次,在观察过程中,以问题启发幼儿运用多种感官观察物体。

再次,教师要适当地告诉幼儿某些描述观察对象相应特征的不同词语,如:鸭子的"蹼",兔子的"三瓣嘴","光滑"、"粗糙"的石头等等。但教师不能以自己的语言取代幼儿的观察。

最后,对于幼儿提出的问题,教师要引导幼儿再仔细观察和思考,让他们自己找出答案。

观察结束时,教师可和年幼儿童一起把观察对象的外形特征、生活习性及用途小结一遍。对较大的幼儿,可由幼儿自己描述所观察的事物,教师给予必要的补充。有时,还可用儿歌、谜语或游戏等其他形式来结束观察活动。例如,观察青蛙后念首儿歌:"河边住着小青蛙,大眼睛,宽嘴巴,地上跳,水里划,唱起歌来呱呱呱,吃掉害虫保庄稼,我们大家爱护它。"这样幼儿更乐意接受爱护青蛙、不任意伤害青蛙的教育。

个别物体观察,在室内进行后也可在室外继续进行。在农村,有的观察内容还可在自然环境中进行。例如,教师带领幼儿观察山坡旁的山羊、河里的水牛,可用"小山羊在干什么?""水牛在水里做什么?"等开放性问题启发幼儿仔细观察它们的形态和动作,允许幼儿三三两两地交谈和讨论。这样的观察比较生动活泼,能取得良好的效果。

个别物体观察是最基本的观察技能,是其他各种观察的基础。幼儿在学会个别物体观察的前提下,才能较好地学习比较观察和系统观察。

2. 比较观察及其指导

比较观察,要求幼儿把两种或两种以上物体进行比较,观察其不同点和相似处。这类观察可使幼儿对客观事物认识得更准确,还可培养幼儿的分析能力,发展幼儿的思维。这种观察必须在幼儿学会个别物体观察的基础上才能进行,一般在中班和大班运用。

开始引导幼儿比较观察时,将一种已认识的物体和另一种新的物体进行比较,较为合适,这样可减少难度,把幼儿的注意力主要集中于观察新事物上,容易比较分析。当幼儿有了一定的比较观察经验时逐步过渡到观察两种或两种以上的新事物。

在比较观察植物或动物时,教师要引导幼儿按照两种物体的相应部位进行比较观察,如对动物要头与头、身体与身体、腿与腿、尾与尾等进行比较;对植物就要根与根、茎与茎、叶与叶、花与花、果实与果实等进行相应的比较观察。开始时,教师要耐心地启发指导幼儿比较观察的方法。如先观察两种食物的不同处,再比较它们的相似处,最后要求幼儿用语言清楚表达出它们的差异点和共同处。

例如,比较观察太阳花和茉莉花,教师可用下列问题启发:"你们看看太阳花和茉莉花有什么不一样?"这是一个开放式的问题,可让幼儿较自由地观察比较;而后面几个问题是封闭式,对初次进行比较观察的幼儿,应作较细的指导:"它们是什么颜色的? 它们都有香味吗? 它们的叶子是什么样的? 有什么不一样? 它们的茎都是硬的吗? 太阳花和茉莉花有哪些地方是相像的?"这些问题除了启发幼儿仔细地去观察、比较外,还引导幼儿运用嗅觉、触摸觉去比较。当幼儿根据教师的问题,逐一比较观察后,可请幼儿把比较观察的结果作较系统的、全面的描述,教师作必要的补充。

最后教师还可问幼儿:"你们喜欢哪一种花? 为什么喜欢它呢?"幼儿会乐意地说:"我喜欢太阳花,因为它好看,有各种各样的颜色""我喜欢茉莉花,因为它香""我两样都喜欢,因为它们都漂亮"等等。教师要给予幼儿描述、表达的时间,让孩子们快乐地交流。

以上这些问题,能使幼儿比较观察认识两种花,还能使幼儿从情感上激起再观察的兴趣和对花的喜爱,以及用语言描述、表达的积极性,并能培养幼儿美的感受力和欣赏能力。

在比较观察日用品时,除一般比较观察外形特征外,重点在于观察日常用品的性质。如比较挂号处的搪瓷和玻璃器皿,要着重使幼儿观看到搪瓷是不透明的,玻璃是透明的;也可启发幼儿用手掂一掂哪个重,哪个轻;还可以让幼儿回忆过去的生活经验,问他们:"如果玻璃杯和搪瓷杯掉在地上会怎么样?"通过比较使幼儿知道两种不同材料制成的用具有着不同的性质,进而教育幼儿怎样使用、保管日常生活用具。

3. 长期系统观察及其指导

长期系统观察是指幼儿在较长的一段时间内,持续地观察某一自然物或自然现象的过程。在这较长的过程中,幼儿通过观察、操作、探索,发现动植物的生长、季节等自然现象的变化,和它们的生长周期以及与周围环境的相互关系。它有益于发展幼儿的坚持性、有序的记忆和观察兴趣,激发幼儿对观察对象较深的感情。

长期系统观察是一个漫长的过程,对教师指导的要求较高。

首先,教师要了解、熟悉观察对象产生、生长、变化的过程。如观察春蚕怎样从卵、蚁蚕、蚕眠、蜕皮、结茧、成蛾到产卵。这样教师才能指导幼儿主要观察春蚕变态的几个阶段。

其次,在长期系统观察小动物的饲养或植物的种植过程中,教师要经常引导幼儿观察,如教师可以问:"今天你们看到的和上次看的有什么不一样?"以启发幼儿回忆前一次观察的状况并进行比较,发现前后动、植物的生长和变化情况。

最后,在观察动植物生长的整个过程后,教师和幼儿共同讨论交流观察的经历、发现和结果、感受和体验,使长期系统观察不仅是幼儿获取丰富经验的过程,更成为幼儿热爱自然、爱护生命、保护生命的情感体验、责任性、坚持性的潜移默化的过程。

4. 随机观察及其指导

随机观察是一种由偶然出现的自然现象或自然物,引起幼儿的好奇心,教师给予及时的支持,引导幼儿进行的观察过程。例如夏天雷雨过后,天空出现彩虹,教师就与幼儿共同观看彩虹,并提出问题:"你们看,天空上出现了什么? 它像什么?"等等,引导幼儿关注、观察雨后天空出现的自然现象。

观察的种类很多,它们互相联系,互为补充。为了使幼儿在科学探索活动中进行有效的观察,教师应注意以下几点:

(1) 根据科学教育目标和内容,为幼儿提供良好的环境和观察对象。

(2) 要引起幼儿观察的兴趣,稳定幼儿观察的注意力,学习观察的方法。

(3) 在观察过程中,引导幼儿观察物体的整体和局部、静态和动态。

(4) 用开放式的问题启发幼儿的观察,让幼儿用语言描述观察对象的特征、生长、变化等等,切忌教师以自己的语言取代幼儿的观察和表达。

(5) 指导幼儿以形象化的绘画、图表做观察记录,表达观察到的自然物、科学现象、调查结果。如:月亮的位相变化图像(满月、半月、月牙),蝌蚪—青蛙的生长过程,植物的生长过程,气象变化等等。

(6) 让幼儿以制作、绘画、塑造、诗歌、故事等等多元文化艺术作品,描述表达自己观察到的生动、丰富的形象和感受、体验、思考……以发展他们的思维、想象、创造力以及对科学的兴趣等情感和态度。

表 5－1　幼儿观察记录表

班级	幼儿姓名						
星期	一	二	三	四	五	六	日
天气情况							

二、科学小实验及其指导

(一) 科学小实验的作用

科学小实验是年幼儿童喜爱的活动。它是指在特定的条件下,以少量的材料、简易的方法,通过幼儿亲手操作,促使某一科学现象产生,使幼儿观察到在自然条件下不能观察到的,或是没有注意观察的自然现象,从实验中感知物理、化学现象。可以让幼儿反复做同一实验,多次观察同一现象的发生和变化,以检验假设或猜想。科学小实验和当前推广的"做中学"相似。它是幼儿学科学的重要方法。

由幼儿亲手操作、动手动脑、探索、发现的科学小实验,可以激起幼儿对科学实验的兴趣,让他们学习科学的方法,探索科学的奥秘;发现简单的科学现象,获取某些科学经验,形成简单的科学概念;学习分析、推理,发展初步的逻辑思维能力以及观察和操作能力。

(二)科学小实验内容列举(供教师参考选用)

适合幼儿进行的科学小实验有:

a. 种子发芽试验(怎样使种子发芽)

b. 植物的茎有什么用?

c. 植物生长需要什么?

d. 动物生活需要空气

e. 空气在哪里?

f. 声音怎么来的?

g. 水的三态试验

h. 物体在水中的沉淀试验

i. 水流到哪里去?

j. 磁铁能吸什么?

k. 电池有什么用?

l. 怎么会有影子?

m. 哪件衣服干得快?

n. 鸡毛怎么飞不上天?

(三)科学小实验的指导

教师在指导幼儿进行科学小实验时,应注意以下几点:

(1)根据科学教育目标,确定小实验的内容和课题。

(2)为幼儿实验准备足够的材料和用具。(每个儿童或一小组一套)

(3)实验过程的指导:

1)幼儿和教师共同提出有关实验的猜想或假设。

如把木块、铁钉、纸、回形针、木片、竹片、瓶子等物体放在水里会怎样?

2)幼儿做实验(动手操作)。

3)幼儿观察实验中产生的现象和变化。(并做记录)

4)引导幼儿交流、讨论发现的事实或再做一次同样的实验,验证结果。

5)在幼儿实验过程中,教师要给予幼儿充分的时间,让幼儿操作、观察、思考、做记录,观察幼儿实验时,避免过多语言干扰幼儿操作,对有困难的幼儿给予适当提示和帮助,多鼓励幼儿尝试。在整个实验过程中,必须保证幼儿的安全。

6)幼儿小实验结束后,教师与幼儿共同收拾整理实验用具、材料,放回原处或科学活动区。

在整个科学小实验过程中,幼儿经历了科学家做实验的过程,体验了做个"小小科学家"的乐趣,产生再做实验的愿望。

第二节　种植、饲养与散步

一、种植和饲养及其指导

(一)种植和饲养的作用

种植和饲养是幼儿学科学、探索生命科学的重要方法。种植过程包括播种、移栽、管理、收获等;饲养过程包括喂食、照料等。

种植和饲养是幼儿通过双手使用简单的工具,多次、反复地进行操作劳动,如给植物浇水、给动物喂食,不断作用于某一植物或动物,在频繁的接触中,在连续的观察中探索动植物生长的奥秘。如发现乌龟需要冬眠,花生在泥土上开花、在泥土下收获果实等,使孩子对生命现象产生惊奇。

在种植过程中,幼儿观察、发现在自己的亲手管理、照料下,植物的生长、开花、结果、死亡等自然现象。在饲养过程中,幼儿观察、发现在自己的亲手照料下,动物的生长、发育、产仔、死亡等过程。经过这些过程,幼儿对动植物的生命周期、生物与环境的关系、人与自然物的关系有了初步了解,习得生命科学的粗浅经验和概念性的知识;更由于较长时间与某一动物或植物的接触,产生愉快的情绪体验,从而产生关心、爱护动植物的情感和行为。又如饲养春蚕过程中,每逢休假日,都会有不少孩子主动提出把蚕带回家喂桑叶,不让蚕宝宝饿死,充分显示了孩子们对小动物的爱心和责任心。

幼儿这种真实的情感流露和行为表现,将为他们成长后爱护生命、珍惜生命、同情他人等善良的情感和行为奠定基础,为和谐社会的发展带来积极影响。

在种植和饲养过程中,幼儿还学习了有关的技能、方法,发展了观察力、动手操作能力。

(二)种植的指导

1. 选择种植内容

自然界可以种植的植物很多,农村更是拥有得天独厚的自然资源和种植条件,幼儿可与家长共同参与家庭的种植劳动。教师可选择一些常见的、生长周期短和种子颗粒大、容易管理、生产快的蔬菜、瓜果、花卉和粮食作物,如玉米、向日葵、黄豆、扁豆、蚕豆、葱、蒜、丝瓜、南瓜、金盏菊、石竹花、三色堇,等等。在内容确定后,要选恰当的日期进行种植,如有的要在深秋播种,有的则需在清明节前后种植。种植前还需准备幼儿使用的简易工具。

2. 组织幼儿种植

首先,教师要引起幼儿种植的兴趣和愿望。教师可以带领幼儿观察成人整地、松土、作畦,让幼儿参加一些拔草、拾砖等辅助劳动,同时告诉幼儿"我们将在这块土地上种下一种植物"。也可请幼儿从家里带几粒种子来园种植,还可让幼儿看植物生长过程的图片,其目的都是引起幼儿对种植的浓厚兴趣和愿望。

其次,教师要教会幼儿简单的种植方法和技能。在种植开始时,可请能力较强的幼儿做示范种植,教师加以说明,也可由教师边示范边讲解种植的方法,如怎样挖坑、怎样放种子和盖土。

再次,教师要巡回检查幼儿种植情况,鼓励幼儿尝试,给予帮助。

最后,要对幼儿的种植作个简单的评价,表扬幼儿认真的劳动态度。

3. 管理和观察

经常、细致的管理工作,是种植活动成败的关键。因此,教师必须组织好幼儿的种植管理,即浇水、拔草、松土、捉虫等。小班幼儿可以在教师带领下参加一些力所能及的工作,如浇水、拔草等;中、大班幼儿在教师指导下,可直接参加种植园地的管理工作,教师给予督促和必要的帮助。在管理期间,教师须随时引导幼儿关心、观察植物的生长过程,及时发现植物生长、变化的情况。

4. 组织幼儿收获

收获自己种植的植物时幼儿会显得异常高兴。在收获前,教师可有意识地带领幼儿观察成熟的果实,启发幼儿回忆植物成长的过程和劳动的情景,使幼儿在收获果实的同时,既感受收获的喜悦,又体会到劳动成果来之不易,从而培养幼儿对种植的兴趣,教育幼儿珍惜劳动成果。

最后,教师要和幼儿共同商量,一起处理收获的果实。如有的分给其他班幼儿品尝,分享劳动的果实。有的可以留作种子,来年再种,激发幼儿再种植的愿望。

(三) 动物饲养的指导

1. 选择内容和创设条件

教师可结合本地区的实际情况,选择饲养一些性情温顺、形象可爱、易于饲养、成活率高又符合卫生要求的小动物。室外可饲养兔子、小羊、鸡、鸭等等,在室内可饲养小乌龟、小鱼、虾、泥鳅、蚌等等。这些小动物可由工作人员去市场选购,也可由幼儿从家里带来或由社区、邻近机关企业赠送,使选择饲养对象的过程,成为幼儿园与家庭、幼儿园与邻近机关企业的互动,从而使幼儿体验到人与人之间的相互友好的关系。

当饲养内容选择确定后,教师要本着因地制宜、因陋就简的精神,为饲养活动的开展创设一定的条件,如在幼儿园的一角,搭建一个简易的饲养棚,放几个用木条或柳条编的笼子等。

2. 引导幼儿学习饲养方法,获得饲养的经验性知识

在饲养动物前,要让幼儿了解动物的特征和生活习性,使幼儿略知饲养和照料小动物的方法。如小兔子喜欢生活在清洁的地方,否则容易得病。

对于农村的幼儿,可让幼儿互相交流介绍他们在家里是怎样饲养小动物的,也可以共同讨论怎样能把小动物饲养得又肥又壮。这将会提高幼儿饲养小动物的兴趣。

饲养小动物,必须每天做好照料工作,如及时清扫饲养场、定时喂食等。清扫工作主要由教师负责,喂养活动可在教师指导下,由幼儿分组进行,或者安排值日生轮流进行。喂养是一项细致的工作,教师必须加强检查和提醒,否则会影响小动物的成长。饲料可请幼儿从家里带来,也可组织幼儿参与力所能及的采集活动,如为小羊拔青草。

在饲养过程中教师要经常启发幼儿观察动物的生长、发育、产仔等过程。既要防止小动物的死亡,也要处理好小动物不可避免的死亡。例如,小兔子死了,教师应抓住时机,向幼儿进行教育。可以和幼儿回忆、谈论:小兔子为什么死了? 是照料不周? 还是忘了喂食,饿死了,还是挨冻,生病? 然后把小兔子埋好。这样,使幼儿懂得兔子是有生命的动物,它要吃、喝水,还需要睡眠、空气和清洁的生长环境。它需要人们周全的饲养、关心爱护和照料。

总之,幼儿园的饲养活动,不能流于形式,而要帮助幼儿了解小动物的成长过程和与人类的关系,培养幼儿爱护小动物的感情以及让他们学习饲养的简单技能和方法。

二、散步及其指导

(一)散步的作用

散步是幼儿学科学的重要方法,它教育结构宽松,让幼儿置身于广阔的大自然中,三三两两、走走看看、听听嗅嗅,观察、感知蓝天白云、高大的树木、绿色的田野、鲜艳的花朵、清清的流水,倾听鸟歌虫鸣等等,让幼儿亲近大自然、接触大自然,感受大自然的美,探索大自然的奥秘,通过想想、说说、做做、画画抒发热爱大自然的情感,感受无穷的快乐。

教师如能经常带领幼儿散步,将开阔幼儿视野,发展幼儿的观察力、思考力、想象力、创造力,激发幼儿的探索兴趣及对大自然的敏感性和好奇心,陶冶幼儿的情感,还能使幼儿呼吸到新鲜的空气,促进机体的新陈代谢,有益于幼儿身心健康。

幼儿在大自然中散步,吸取了丰富的物质和精神营养,其独特的价值,是其他科学活动不能取代的。

尤其"宅"生活在儿童中蔓延的当今社会,有些孩子具有"自然缺失症"倾向,据上海绿洲生态保护交流中心发布的《城市中的孩子与自然亲密度调研报告》指出:全国有 12.4% 的孩子具有"自然缺失症"倾向。如注意力不集中,情绪调节能力和环境适应能力差,对大自然缺乏好奇心。

"自然缺失症"概念提出者——美国儿童权益倡导者理查德·洛夫指出:当今儿童群体出现肥胖率增加、注意力混乱和抑郁症等,与缺失和自然的接触有极大关系。"宅"生活的孩子被割裂了与自然的联系,会失去感知能力,感受不到自然之美,体验不到在自然中学习探索的快乐,可能会给孩子带来智力、体质上的缺陷,还可能使孩子变得孤独、焦躁,对自然缺乏尊重。

"自然缺失症"倾向更显示带孩子经常在大自然中散步,持续地接触大自然、亲近大自然,对孩子的身心健康,有着何等重要的意义!

有的幼儿园每天午后,由教师带领着幼儿在园中的绿色园地周围散步,使散步经常化,让孩子们多一点接触大自然的时间,这是值得提倡和推广的。

(二)散步的指导

教师在指导幼儿外出散步时,应注意以下几点:

(1)选择散步地点,准备适当的工具,以便采集自然物存放。

(2)给幼儿充分的观察、感知、探索大自然奥秘的时间。

(3)鼓励幼儿个别化的探索活动和提出问题,启发幼儿再探索,自己去寻找答案。

(4)善于洞察幼儿在散步中的反应和情绪,倾听幼儿的交谈,尤其是对周围世界比较冷漠的个别幼儿需要热情的关心和引导。

(5)散步和采集结合,启发幼儿收集自己喜爱的自然物,如树叶、松果、小石头、贝壳等等,并允许幼儿带回活动室,存放在"八宝箱"中或展示成果和小伙伴们一起欣赏,共享快乐,也可把自然物做简单加工,幼儿合作或师幼互动制作"工艺品"。

(6)散步与游戏、朗诵诗歌等结合以增添散步的生气、情感色彩和乐趣。

例如在秋季散步过程中,教师可在适当的时候朗诵一首关于秋天的诗。

秋天,你在哪里?

美丽的秋天来了,

秋天在哪儿呢?一群天真的孩子在寻找。

啊!蓝天特别高,白云淡又少,

凉爽的秋风吹拂着他们,

温暖的阳光把孩子们照耀。

看,秋风吹来了,

枫树披上了漂亮的红装,

梧桐、白杨、银杏的树叶变黄了,

鲜艳的菊花、一串红迎着秋风开放,

美丽的落叶在秋风中飘荡。

稻田一片金黄;棉田银花朵朵,

红红的苹果把树枝压弯了腰。

农民伯伯正在紧张地收获劳动,

到处是歌声,到处是欢笑。

孩子们在金色的地毯上奔跑,

蚂蚱在草丛中蹦蹦跳跳,

蟋蟀在墙角下唧唧鸣叫,

好像对孩子们说:

凉爽的秋天已经来到。

孩子们边散步、边朗诵,一遍又一遍,自在又欢乐!

第三节 游戏与阅读

一、科学游戏及其指导

(一)科学游戏的作用

科学游戏是利用自然界的物质材料,包括水、石、砂、土、竹、树叶、贝壳等等实物或有关玩具、图片、电视等,把简单的科学知识渗透于游戏中。它是年幼儿童喜爱的活动,是进行科学启蒙教育的有效方法。

在游戏过程中,幼儿在轻松愉快的状态下,与材料、玩具等频繁接触,进行操作、探索,和过去的科学经验联系,回忆、思考,理解科学概念,巩固已有经验和知识,发展思维、记忆等智力。而幼儿在游戏中往往需要克服困难以获取成功,这更让幼儿体验到成功的快乐,感受自己的能力,从而增强了自信心,激发了学科学的兴趣、主动性、积极性。如要求幼儿探索、识别几种蔬菜,采用游戏方法,做"买卖蔬菜"游戏,让幼儿边买菜边说出某一蔬菜或几种蔬菜的名称、特征,比较异同点等等,他们会情绪活跃,乐于参与,努力识别,并以语言描述,学得愉快,易于记忆。

(二) 科学游戏的种类

1. 感知游戏

感知游戏主要通过幼儿的感知觉,辨别自然物或科技产品的特性,并说出名称和功能。如"奇妙口袋"是让幼儿通过触摸来辨别物体,"听一听,这是什么声音"是利用幼儿的听觉来辨别物体。

2. 分类游戏

分类游戏是根据自然物的相似特性和不同特性、相似点和不同点进行区别分类。如把水果蔬菜分类,飞禽和兽类分类,树叶分类。

这种游戏一般使用图画卡片或实物进行,带有竞赛性,以提高幼儿的兴趣,加深对自然物的识别,发展幼儿的比较、分析、归类等思考能力和观察力。

3. 配对游戏

如"连连看"游戏,要求幼儿通过观察画有许多自然物的图画,用线条把两个相同的自然物连起来。也可把某一个动物与其所吃的食物或所住的地方连起来。在游戏过程中,可以采用比赛的方式,如比速度、比准确性等,以提高游戏的趣味性。

幼儿可以玩的科学游戏很多,这里仅列举几种,教师可根据科学教育的目标和内容创编。如"钓鱼""捉影子"等等。

(三) 科学游戏的指导

教师在组织幼儿开展科学游戏时,应注意以下几点:

(1) 教师要熟悉游戏的内容、规则、玩法及该科学游戏的目的。

(2) 要为幼儿游戏提供充分的材料,如图片、实物等,保证全班幼儿都有参与游戏的机会。

(3) 游戏开始前,教师要用简洁的语言介绍游戏的玩法和规则。如"奇妙的口袋",幼儿在触摸到自然物或科技玩具后,必须先讲出该物体的名称、特征,才能拿出来看他说得是否正确。先讲后取就是规则。

(4) 要让幼儿在宽松的环境气氛中进行游戏,不要干扰幼儿游戏,但要提醒幼儿遵守规则。要适时地提高游戏要求。如"连连看"游戏,可以通过以下方式进行:① 把两个相同的动物画线连起来;② 把某个动物与它吃的食物画线连起来;③ 把某个动物与它所住的地方画线连起来,来逐渐提高游戏要求。

(5) 游戏结束时,老师可鼓励、表扬遵守规则的幼儿;并与幼儿一起整理、收拾游戏材料,安放在活动室一角,以便在区域活动时继续玩。

(四) 玩具的利用

玩具是游戏的伴侣,它往往和游戏相联,一起出现于科学活动中。

玩具对于年幼儿童具有极大的吸引力,为他们带来快乐的同时,更能引发幼儿的好奇心,去操作、探索、发现玩具中所蕴含的科学奥秘。

幼儿就在操作、嬉耍玩具的过程中,开阔眼界,启迪智慧,激发探索科学的兴趣,习得生动、具体的科学知识,学会操作技能和玩法。如幼儿在玩电动玩具时,他们除了发现小汽车能开动外,还知道小汽车里装有电池,有电,所以能动,同时学习了装拆电池的技能。又如,某班的"小小玩具展览会",教师充分利用社会资源,请幼儿家长为幼儿带一个玩具来园,集中展出,引起幼儿强烈兴趣。全班幼儿共同观看玩具,相互交换玩耍,介绍玩法,共享快乐,增进了友谊,增长了见识。有的幼儿要求再开几次"展览会",有的幼儿更兴奋地提出:长大以后要发明玩具……可见玩具在幼儿学科学、培养科学兴趣中的无穷魅力!

二、早期科学阅读及指导

(一) 早期科学阅读的作用

早期科学阅读是指年幼儿童阅读含有经验性科学知识的儿童读物,包括科学童话、故事、儿童诗、儿歌、谜语等等。

早期科学阅读能帮助幼儿在生动、形象、逼真的情境中,获得间接的科学经验,理解科学概念,扩大视野,激起探索科学的兴趣、好奇和思考,发展想象力,引起科学幻想。同时,早期科学阅读有利于培养幼儿的阅读兴趣和习惯,发展语言能力。它是进行幼儿科学启蒙教育不可缺少的手段。

(二) 早期阅读的运用

教师在指导幼儿进行早期科学阅读时,应注意以下几点:

(1) 用于早期科学阅读的读物,要求画面大而清晰,色彩鲜艳,文字少而浅,即使幼儿不识字也能凭借已有的经验理解内容,独立阅读。儿童读物的内容要精心挑选,尤其当前儿童绘本出版物很多,良莠不齐,教师更须注意!

(2) 每本科学读物要主题鲜明,围绕某一经验性科学知识或概念展开故事、诗歌情节,内容生动、形象、有趣。幼儿阅读后,有再读的愿望,并从中引起共鸣或启发,促进思考。

如童话故事《小熊和月亮》,只说明一个含义:"月亮不吃东西。"在幼儿阅读、教师讲述这个故事前,经调查:幼儿对月亮是否吃东西这个问题,认识很模糊,有的幼儿说:"好像不吃""老师、妈妈没教过""不知道""不吃,因为月亮没有嘴巴""不吃,因为它在那么高的地方,东西拿不上去""那么高,月亮下不来""月亮没肚子,不饿""天上没有吃的东西"等等。

这个故事的阅读,促进了幼儿思考和关注天空,让他们知道了月亮不吃东西。

(3)教师可在集体科学活动的开始或结束,以及日常活动时运用一个科学童话或诗歌。如著名的科学童话《小蝌蚪找妈妈》,教师可运用在系统观察活动开始,启发幼儿系统观察、探索小蝌蚪变青蛙的全过程。又如散文诗《秋天,你在哪里》可用于散步活动中,也可用于"秋季的景色"总结。

(4)儿童读物可在集体科学活动中运用,也可设置在阅读角,由个别幼儿根据个人爱好选读,或与小伙伴三三两两同读,从图书中吸取精神养料和科学经验知识,共享阅读的乐趣。

此外,多媒体(电视、广播、录像等)同样是幼儿学科学的辅助手段,它们能使某些幼儿不能直接接触和不可见到的自然现象、自然物、高科技产品,化远为近、化小为大,化听不见为听得见,化静态为动态,生动形象地显示在幼儿面前,让幼儿颇有兴趣地去观看、去倾听。它们不仅让幼儿学习到简单易懂的科学知识,更能激起他们探索科学的兴趣,发展想象力、科学幻想。但它们不能取代幼儿直接观察、触摸周围自然界,动手操作,探索科学。尤其近期幼儿接触自然的机会少,更不能把电化教育作为常用手段!

以上阐述了多种幼儿科学教育的方法,它们相互联系、相互补充,各自发挥着独特的作用,教师应根据幼儿教育的目标和内容,灵活运用。

【附】童话故事《小熊和月亮》
小熊和月亮(月亮熊)

在一座美丽的小屋里,住着一只可爱的小熊。小熊常常走到小屋的门口,仰望星空,看看闪烁的小星星。有一天晚上,他和以往一样,抬头看天上的星星,突然,他看到了一个圆圆的、大大的月亮,这是小熊第一次看到月亮,月亮多可爱啊!

从这天开始,每晚,小熊都走出小屋,面对天上的月亮,边散步边欣赏。可是,慢慢地,他发现月亮一天一天变小了。

有一天夜晚,小熊带上了眼镜看,心想这样可以看得清楚一点。谁知看到的月亮,只有半个了。他非常惊奇!

一位眼科医生在小屋里向窗外东看西望,只见小熊想爬到树上去看月亮,可没有爬上去。

小熊害怕月亮越来越小,要看不见了,而且永远不回来了。

小熊想:"如果我能靠近月亮,可能我能帮助他。"于是小熊爬上屋顶,手拿扫帚想碰碰月亮。一不留心,小熊从屋顶上滑下来,跌在地上。

小熊受伤了,住进了医院。医院里的大象医生帮助小熊治伤。小熊的伤好了,大象医生把小熊送回了家。

在家里,小熊看到窗外的月亮变得更小了:细细弯弯的像眉毛。小熊仍然为月亮变小发愁、着急。有一天,他的朋友邀请他一起去玩,小熊也不愿出去,因为他太着急了,甚至忧愁得不想吃东西。

有一天,小熊照照镜子,发现自己怎么变瘦了。他想:"也许月亮没有吃饱,可能这是月亮变小的原因吧。"

那天晚上,他就拿出自己吃的蜂蜜,倒在碗里,放在窗口,给月亮吃。等了一会儿,小熊就去睡觉了,他梦见月亮在吃蜂蜜。

几只小鸟飞过来,偷偷地把蜂蜜吃了。

早晨,小熊发现那只碗里的蜂蜜没有了。那天晚上他看到月亮大了一点。小熊高兴地说:"多好啊!"

于是,小熊每天晚上这样做:放更多的蜂蜜在碗里,放在窗口,给月亮吃。他看月亮一天一天地大起来,小熊太高兴了,在月光下,跳起舞来。

小熊没有看到小鸟吃蜂蜜,但他看见月亮越来越大了。

小鸟看到小熊这么快乐,想告诉小熊有关月亮的事。另几只小鸟说:"不,那样,我们就会没有蜂蜜吃了。"

小鸟们飞走时说:"你真是一只傻小熊""月亮不需要喂食的""月亮渐渐变大,渐渐变小,全靠月亮自己,是我们吃了你的蜂蜜!"

从此,小熊又吃他的蜂蜜了,而且恢复了健康。而这月亮每天夜晚越来越大,最后这又圆又大又亮的月亮,和小熊第一次看到时没有两样。

小熊没有停止每天夜晚观赏可爱的月亮。但是小熊感到悲哀,因为月亮永远不需要他了。小鸟说:"不要悲哀,我们仍然需要你。"

作者　Frank Asch

译者　王志明

2011. 3. 10

复习思考题

1. 幼儿科学教育的方法有哪几种？
2. 简述观察的重要性。
3. 怎样指导幼儿的比较观察？
4. 试述散步的特点。你经常带幼儿散步吗？为什么？
5. 你认为应怎样进行幼儿科学教育？请介绍你的经验。

第六章
幼儿科学教育的资源

　　幼儿科学教育的资源是指可供幼儿学科学的大自然、人造自然(科技产品)、幼儿园的环境和物质设备等等,以及可为科学教育利用的社会组织、家庭环境和社会成员。

　　上述资源为幼儿提供观察、操作、探索、科技制作等条件,引发幼儿的好奇心和探索兴趣,丰富年幼儿童的生活和科技经验,让他们感受和体验观察、探索、创造的快乐,从而产生热爱大自然、爱科学、学科学的积极态度。

第一节　大自然是年幼儿童学科学的源泉

一、资源丰富的大自然

　　年幼儿童置身于大自然中,在白天,抬头仰望蔚蓝的天空,就能看到形状多变的朵朵白云和生命之光太阳;在夜晚,能看到布满天空闪烁的星星和神奇的月亮。近视周围环境,则是绿色的田野和千姿百态、色彩缤纷的花、草、树木,以及千奇百怪的动物,有的在天上飞,有的在地上跑,有的在水中游。脚下踩的土地,是养育我们的"大地母亲",她有肥沃辽阔的平原、雄伟的高山、无边的沙漠,还有川流不息的江河湖海。大自然中还有变幻无穷的气象,有呼呼的风声、透明的雨滴、洁白的雪花、蒙蒙的薄雾、晶莹的露珠等等。以上这些都是诱发幼儿好奇心和吸引他们探索奥秘的大自然的元素,是幼儿学科学的丰富资源。

　　大自然蕴藏着无限的,年幼儿童可以直接感知、观察、探索、获取的丰富的具体知识。它让幼儿发现各种各样的生命物质和非生命物质,从而感受到物质的多样性。它让幼儿探索发现事物的发展、变化和事物之间的联系,从而发展思维。它让幼儿感受到各种物体的形状、色调、声响的美，从而陶冶幼儿的性情。它促使幼儿萌发热爱大自然、爱护大自然、爱护生灵、善待生灵等积极的善良的情感。

如能让幼儿长期、持续地接触大自然，将会锻炼他们观察事物的敏锐性，发展他们的观察力、好奇心。

大自然是幼儿学科学的丰富资源，教师要引导幼儿走向大自然，吸取精神营养，培养热爱大自然的情感，促进幼儿身心健康发展。

二、大自然资源的利用

教师要积极引导幼儿进入这富有鲜明色彩的自然界，让他们用小眼睛看一看，小耳朵听一听，小手摸一摸、做一做，鼻子嗅一嗅，小脑袋想一想，让他们去探索、去发现、去感受、去体验、去思考、去描述、去表现大自然。这样，他们不仅吸取了有关自然界生机勃勃的经验，激发探索自然界的兴趣，还充分使用了感官，发挥了想象，增添了智慧。更重要的是在这个过程中，年幼儿童发现、感受到大自然的美，体验到探索大自然的快乐。如果不断地让孩子们接触周围自然界，他们热爱大自然、热爱家乡、爱护生命的善良的情感将油然而生！当前社会中，极端行为频频发生，这种珍惜生命、爱护生物的情感——善良，显得更为需要！

例如：某日，一位农村幼儿园教师引导幼儿观察"雨中的田野"。首先观察的是郁郁葱葱、生机勃勃的菜畦。当教师问："你们看看，菜畦里长了什么？"

孩子睁大了双眼，边看边说："青菜、大豆、扁头、丝瓜、黄瓜……"

另一个孩子突然说："田边还长着小草，嫩嫩的，我家小兔子喜欢吃青草。"

"我也喜欢小草，我家的老牛，还有小羊也要吃青草。"

"我喜欢丝瓜、扁豆、青菜，因为它们都能吃，吃了，我们小朋友才能长大。"

"我喜欢吃青菜，吃了，长大才能当科学家。"

"我喜欢这些，它们的叶子绿油油的，因为我爱绿色。"

教师又引导幼儿观察远处的景色。

一个孩子兴奋地说：

"河边的芦苇长在一起，像绿色的森林。"

"芦苇高高的，像绿色的墙。"

"芦苇不怕雨，在雨中摇来摇去，好像在跳舞！"

有的孩子感叹着：

"我喜欢这些绿色的庄稼,绿色的植物!"

"绿色的田野像绿色的地毯。"

"多么好啊,绿色的田野!"

"多么美啊,雨中的田野,多么辛苦的农民伯伯!"

"伯伯、阿姨不怕雨,还在锄草呢!"

……

（见经验介绍篇）

这个生动的实例,说明了这位有智慧的、热爱大自然的幼儿园教师,充分利用大自然这样丰富的科学教育资源,将孩子们引进自然界,让爱护生物之情逐渐融入孩子的生活,进行生动的、渗入孩子心灵的自然科学教育,让纯真的孩子们——"富有探求精神的探索者,世界的发现者",去探索、去发现。让孩子们站在具有乡土气息的自然界,去吸取精神营养,萌生人类最伟大、最需要的情感——爱,热爱家乡、热爱庄稼、热爱大自然、爱护生命,保护生命。让"善良之情,保护环境之情在童年深处扎根下来"!

第二节　幼儿科学教育的环境、设备、材料资源

幼儿科学教育除了充分利用大自然的丰富资源外,为幼儿创设科学探索、科技制作的环境,提供物质设备和材料也是非常重要的。

由于幼儿较长时间生活在幼儿园的环境里,随时都接触园内的物质世界,幼儿园应为幼儿学科学提供必要的场地、设备,为幼儿提供丰富的物质材料。如果幼儿园缺乏这些幼儿可以接触、动手做的物质,生机勃勃、形象鲜明的对象和材料,幼儿科学教育将可能成为枯燥乏味的说教和单一知识的传授,幼儿也难以成为主动的科学探索者、创造"发明者"。

幼儿学科学的环境、设备、材料的设置可分为室内外两大部分。① 室外可种植树木、花草,建立幼儿种植园地、动物饲养棚、沙坑、水池等。② 室内可设置自然角、科学桌或科学发现室、科技制作室等。

一、环境设置的要求

（一）因地制宜，美观实用

由于我国地大物博、城乡差异较大、经济和教育发展不平衡，必须因地制宜，考虑经济、地域条件的可能，从实际出发，就地取材，创造性地建立理想的幼儿科学活动环境，避免奢华。例如，在农村自然资源丰富，应充分利用。而城市幼儿园由于面积的局限，在有限条件下创建的绿色幼儿园，美化、净化的环境，成为幼儿探索科学的重要资源。

园内的草地、菜畦、道路、沙箱、水池等等的布置，花草、树木的组合，要色彩协调，整洁有序，能开展多种观察，便于幼儿进行散步、饲养、种植等科学活动。要既实用，又给幼儿以美的享受。

（二）具有可探索性、可操作性和趣味性

教师要提供多种材料，能吸引幼儿的好奇，诱发他们探索的兴趣，让幼儿经历观察、感知、操作等过程，获取科学经验、知识，学习技能，发展智力。如在室外设置了沙箱、水池，必须配以操作工具和必要的材料，如铲子、小水桶、漏斗、小篮子、小盆、杯子、积木、沙等等，使幼儿能愉快地动手操作。如在沙箱里挖坑、堆山、建构小花园，让幼儿既觉得有趣，又开动了脑筋；既感知了沙的性质，又扮演了一个"小小建筑师"。

（三）符合安全和卫生要求

幼儿的生命是宝贵的，但又是柔弱的，容易感染疾病，且他们缺乏自我保护意识。为了保证幼儿健康成长，设置的环境，提供的材料、设备，必须要安全卫生。不种植有毒的树木、花草（如夹竹桃），不饲养易感染的小动物（如浣熊）。搭建的动物饲养棚应牢固安全，不提供带有锐角的设备、工具、材料，以避免幼儿感染疾病或受到伤害。幼儿学科学很重要，幼儿的生命更要保护。

二、室外绿化园地的设置

为幼儿科学教育提供资源的绿色园地应包括以下一些内容。

（一）多种多样的树木

（1）四季常青常绿树和随气候变化的落叶树，如：青松、翠柏、冬青、黄杨、水杉、梧桐、银杏、红枫、榕树、柳树、合欢树等等。

（2）幼儿喜爱的果树，如：柿子树、石榴树、橘子树、枣树、梨树、苹果树等等。

（二）绚丽多彩的花卉

（1）具有季节特征的花，如：迎春花、梅花、樱花、荷花、桂花、菊花、腊梅花等等。

（2）容易栽培、生长的花，如：三色堇、金盏菊、美人蕉、凤仙花、一串红、鸡冠花、太阳花、向日葵、牵牛花等等。

此外还有诱人的月季、玫瑰、郁金香等等。各地幼儿园可根据具体条件，选择种植。

（三）种植园地

（1）幼儿的种植园地应根据园舍的大小而定，一般设于幼儿园的一角，或沿幼儿园边缘设绿化带和种植园地，也可分设于各班的室外，可利用废木箱或盆栽种植。但种植园地必须设置在阳光充足、取水方便的地方，还须有便于幼儿来回走动的种植与管理的通道。

（2）种植的内容应根据本地的特点，选择便于幼儿亲自动手种植的蔬菜、瓜果或农作物。如：蚕豆、豌豆、萝卜、小青菜、向日葵、玉米、丝瓜、葫芦、南瓜、花生等等。农作物以生长期较短，幼儿能经历植物生长的全过程为佳。

（四）饲养园地

（1）可在幼儿园的边缘地搭建饲养动物的简易窝棚，饲养几只小动物，让幼儿能长期观察、照料，探索动物的生命过程，以培养幼儿爱护小生命的情感、丰富幼儿的生活。

动物饲养棚宜设置在阳光充足、地势略高、比较干燥的地方，还要简易实用，便于幼儿喂养、观察和打扫。

（2）饲养的动物应选择本地常见的、性情温顺、易存活、易喂养，又能引起幼儿饲养兴趣的小动物。如鸡、鸭、鹅、小兔、小猫等等。

（五）水池和水槽

水是人类生存不可缺少的环境因素，也是幼儿科学教育的重要内容。幼儿爱戏水，在玩水过程中，幼儿观察水流，探索、理解水的特点和作用。幼儿园设置水槽或水池，为幼儿探索无生命物质——水，提供了资源。水池或水槽还可种植水生植物，饲养水生动物（鱼、乌龟等），为幼儿观察水生动植物的特性、成长过程创造了条件。

（六）沙箱或沙坑

沙是一种无生命物质，也是幼儿喜爱的游戏材料，幼儿在玩沙过程中，操作、感知、探索沙的特质和用途，是幼儿科学教育的内容之一。幼儿园设置沙箱或沙坑、沙盘，将为幼儿学科学提供探索非生命物质的资源。

为了使室外园地成为幼儿探索科学的良好资源，必须做好园地的管理工作：

（1）定期进行打扫、清洁工作，保持园地的清洁卫生。如水池的水要经常更换，沙箱的沙要定期清洗，动物饲养棚应及时清除粪便、杂物，以防止滋生细菌，避免幼儿感染疾病。

（2）对于所种植的树木花卉和饲养的动物，应根据它们的生长规律，及时进行浇水、除草、施肥、剪枝、松土、喂食等活动，保证动植物健康成长。

（3）园地内种植的花卉和饲养的动物，应根据季节和幼儿学科学的需要，有所变换，以引起孩子的新鲜感、好奇心和探索兴趣。如盆花的更换，水池中增添小动物等等。

（4）园地的管理工作应有专人负责，教师可以带领幼儿参与力所能及的活动，如除草、给小动物喂食等等。

三、室内物质设备的设置

（一）自然角

自然角是指在幼儿园室内、廊沿或活动室的一角，供饲养小动物、栽培植物、陈列幼儿收集的无生命物体（如岩石）的区域。自然角提供幼儿学科学的物质资源，有着室外园地所不具备的特殊意义，它所陈列的物品，是根据各年龄班的认识水平，从周围环境和广泛的自然物中，有选择地、集中地、分层次地展示于幼儿的眼前,让幼儿能随时、自由地观察和探索,可以弥补集体活动时观察的不足,是幼儿进行个别化科学活动的良好场所。

1. 自然角的内容

自然角的内容应根据各年龄班幼儿的特点和科学教育内容,选择幼儿常见的、易于在人为条件下生长的、有趣的各种动植物。

(1)植物类。

宜选择生长快、美观、形状不同的鲜花或观赏植物,或是芳香的容易扦插又易于存活的植物。

供观赏的植物:仙人球、仙人掌、文竹、凤仙花、三色堇等。

蔬菜:萝卜、芋艿、土豆、白菜、蚕豆、葱蒜等。

水果:苹果、梨、香蕉、桔子、李子、杏子、葡萄、柿子等。

干果:红枣、黑枣、核桃、桂圆等。

其他:大豆、绿豆、红豆、花生、玉米、小麦、棉花等。

(2)动物类。

教师可选择没有危险、便于喂养,幼儿感兴趣和形体较小的动物。

如:金鱼、小鸟、乌龟、泥鳅、螺蛳、蝌蚪、蚕以及小昆虫等。

(3)非生命物质。

如岩石、沙、铁块等等。

2. 自然角的管理

要充分地发挥自然角在幼儿科学教育中的作用,教师应对自然角的内容加以精心设计,同时还要加强日常的管理工作。

(1)自然角中物品的安放应整洁、美观、安全。各种物品应分类摆放,教育幼儿观察或摆弄后归还原处,安放整齐有序。不放易使幼儿发生意外的物品。

(2)自然角中所陈设的物品不应是一种摆设,应允许幼儿自由地观察、接触、操作。

(3)让幼儿参与自然角的管理,可由值日生轮流照管自然角。如:给植物浇水,为春蚕喂桑叶等等。有的幼儿园在自然角边写上"今天我浇水",有的写着植物的呼声"我要喝水",既提醒孩子,培养孩子的责任心,又增添了童趣。

(二)科学发现室(或科学桌)

科学发现室是指在幼儿园设立的专供幼儿进行非正规性科学活动的场所。它是专为幼儿创设的宽松的学科学的环境,集中地为年龄和发展水平不同的幼儿提供适合于他们探索、操作的多种多样的物质材料。这些材料能诱发幼儿的好奇心,让他们轻松愉快地、主动地参与有趣的科学探索活动。

1. 科学发现室的独特作用

每个幼儿在科学发现室里,都能根据自己的兴趣和愿望自主选择任何材料,进行独立操作,与物体相互作用的并有所发现。

在科学发现室,幼儿有充裕的时间,去多次、反复地操作、探索;有充分的自由,自己决定更换探索的内容,接触各种物质材料,在与物体相互作用的过程中,去发现和理解事物之间的联系和因果关系,寻找问题的答案。

幼儿在发现室里,易于和同伴自由组合,进行操作,更有利于发展幼儿的合作关系。

总之,由于科学发现室有宽松的环境、丰富多样的物质材料,给予幼儿充分的自由,让他们能独立自主,自己选择决定活动内容和时间,使孩子们的探索兴趣更浓、收获更大,更有利于幼儿自主性、独立性、自信心、创造性等的发展。

科学发现室的设置应根据幼儿园的条件,因地制宜,量力而行。有的幼儿园若条件有限,可在活动室内设科学桌或科学活动区,进行自选式的科学活动,也能起到相似的作用。

2. 科学发现室的材料

幼儿科学发现室一般放置以下材料,供幼儿观察操作和探索:

(1) 光学材料,如放大镜、哈哈镜、昆虫盒、三棱镜、万花筒、调色盘、颜料等;以及能在放大镜下观察的物体,如鱼鳞、种子、化石、布、贝壳、叶子、昆虫标本等。

(2) 磁性材料,如各种磁铁(马蹄形、棒状和其他形状的磁块磁条);能磁化和不能磁化的材料,如铁钉、金属丝、别针、回形针、图钉、铁片;硬果壳、塑料制品、玻璃制品、纸、棉花等。

(3) 声学材料,如音叉、鼓、三角铃和锣等乐器,发声盘、铃、发声板、各种响盒等。

(4) 玩水材料和容器。① 在水中会下沉的物品。如各类石子、玻璃弹珠、小钢球、铁钉、金属钥匙等。② 在水中会浮起的物品。如羽毛、软木塞、棉花、积木、乒乓球等。③ 盛水容器。如塑料瓶、盆、碗、壶、漏斗、罐子等。

(5) 生物和无生物的标本和实物,如鸟类、昆虫、各种岩石、贝壳等标本。

(6) 通过触摸觉分类的材料,如各种质地的纺织品,砂纸,各种质地的纸板,各种尺寸的无缝钉、螺丝钉。

（7）发展嗅觉的气味瓶，如装有醋、酒、水、药水、香水、酱油、麻油等的瓶子。

（8）各种听觉材料，如放有不同物体的摇罐、敲击乐器等。

（9）科学玩具，如各种电动、声控、遥控、光控玩具等和不倒翁、风车、匹配图片等。

（10）其他材料及设备，如寒暑表、电筒、电池、指南针、天平、斜面板、滑轮、肥皂液、水盆、磁板盘、木桌、标平柜、书架等。

（11）各种适合幼儿阅读的读物，如科学童话、科普读物等含有科学知识的图书。

3. 幼儿科学发现室的管理

科学发现室是幼儿进行自主科学探索活动的重要场所，合理的管理显得尤为重要。

（1）科学发现室的建立，要选择幼儿园中适当的地点，以便各年龄班幼儿入室开展活动。

（2）材料要定期更换，以保持幼儿的新鲜感，激发他们的好奇心和兴趣。

（3）材料要经常清洗、维修，教育幼儿爱护各种材料，减少损坏。

（4）根据发现室空间的大小，合理组织各班幼儿入室活动。可以同年龄班分组，也可不同年龄的幼儿混合组织，充分发挥室内材料的作用。

（5）教师在室内，主要是观察幼儿活动，倾听孩子们的语言反应和提出的问题，给予适当的引导和帮助，提醒他们注意安全，避免干扰孩子们的探索。

自南京师范大学幼儿园于 1989 年 5 月建立我国第一个幼儿科学发现室以后，儿童科学活动中心在南师大附属幼儿师范学校、江苏省妇女儿童中心先后建立，紧接着在南京市长江路幼儿园、南京市实验幼儿园、青岛中科院海洋研究所幼儿园、苏州市郊区实验幼儿园等幼儿园相继建立。由于教育部门的重视，在全国各地，都建立了幼儿科学活动场所，为幼儿探索科学、培养科学兴趣，以及自主性、独立性、自信心、创造性动手能力的发展，发挥了很大作用。

但因种种因素，幼儿科学发现室的建立、管理和巩固，还需不断加强。各幼儿园要根据实际情况，提供科学设备、材料，应注意朴实、耐用、安全，切忌奢华、形式化。

幼儿参与科学发现室的科学活动，不能取代其他科学活动，尤其教师要带领幼儿走出活动室，把他们引向绿色世界，观察、探索大自然！

（三）科技制作坊（或科技制作室）

科技制作坊是专为幼儿用灵活的小手，使用工具和材料进行制作的场所。它欢迎一个个活泼可爱、有兴趣于科技制作的幼儿，在这里动手操作、创造发明一件件新奇的"科技产品"，实现做个小小"工程师"、"小技师"的梦想。

科技制作坊可为幼儿提供下列工具和材料：

（1）工具，如钉子、小锤子、小刀、剪刀、订书机、榨汁机，杯子、盆子、小锯子、针、夹子等等。

（2）材料，如各种纸张（白纸、彩纸、塑料纸）、各色卡纸、硬纸板、线、绳子、大小纸盒、布料、透明胶、双面胶、树枝、废木块、稻草、芦苇、瓶子、葫芦、麦粉、粘土等等。

（3）百宝箱，存放幼儿从家里带来的各种材料。

科技制作坊必须由教师精心管理，关注幼儿制作安全，防止幼儿受到伤害。

科技制作坊是新增加的内容，还需教师在教育过程中不断实践，不断丰富其内容。

以上详述了幼儿园室内外环境、设备和材料的创设和配置，这些都是幼儿观察自然、探索科学、科技制作的重要资源。

第三节　幼儿科学教育的社会资源

社会资源是指幼儿所在地区可供幼儿探索科学所利用的社会组织，如科学馆、科技活动中心、天文台、牧场、养鸡场、养猪场、动物园、植物园等等，以及家庭、家庭成员和社会人士等。

一、社会机构

（一）社会机构在幼儿科学教育中的作用

多元化的社会资源的利用，为幼儿科学教育增添渠道，扩大了幼儿学科学的范围，拓宽了幼儿的视野，学习到在幼儿园难以学到的科学经验知识，又因幼儿与社会环境和人员的接触、互动，为幼儿带来陌生感、新鲜感，增添了幼儿的兴奋度和好奇心,使他们仿佛进入了另一个奇妙的世界,增加了学科学的积极性,体验到无比愉悦。

(二)社会机构资源的利用

1. 参观访问

教师可根据科学教育的内容,恰当地组织幼儿参观有关的社会机构(如博物馆、牧场等等)。可以由教师带领全班幼儿走出园门,前往参观地,也可以采用亲子活动方式,邀请家长参与,由教师和家长分组带领幼儿,引导幼儿观察、探索科学场馆中的有关内容或多种活动。由于有家长们参与、看护孩子,既安全又增添了亲和力,教师不用忙于前后照顾和奔波,能多进行指导,收到应有的教育效果。

如一次"参观养猪场"活动,由教师和家长分组共同带领小班幼儿。当进入养猪场,看到那么多的猪宝宝,有大肥猪、小小猪,老母猪喂小猪吃奶,大肥猪在泥水中打滚,有的猪在大口大口吃食,有的在睡大觉,孩子们兴奋极了。好在由教师和家长分组带领和指导,各组孩子都高兴地观察了猪的外形特征和生动的生活百态。有的幼儿说:"猪的耳朵怎么这么大?"有的说:"猪的尾巴小小的。"有的说:"我喜欢看小猪在妈妈肚子上找奶吃""看啊,这只大肥猪还在睡懒觉"。最后,养猪场大叔介绍了猪的用途,以及怎样养猪。一次开放式的、别开生面的"参观养猪场"活动在孩子们的欢乐声中结束了。孩子们亲眼目睹了生动、鲜活的猪宝宝的可爱形象。这给三四岁的孩子们带来了无穷的快乐,以及对猪宝宝的真实认知。

又如带领大班幼儿参观紫金山天文台,孩子们从高科技产品——天文望远镜里看太空时,可爱、好奇的孩子们被震惊了,并且产生了探索太空的强烈兴趣。

2. 邀请社会人士进幼儿园

有的科学教育内容,幼儿不能身临其境,除了借助电视、录像等多媒体设备外,还可根据需要请社会人士来介绍他们的经历、感受、体验以及他们从事的科学工作等等。如空间科学教育,孩子对神舟飞船升空非常好奇,对宇航员非常羡慕、敬佩,教师就邀请宇航员来介绍他们在飞船里的工作和生活,以满足他们的好奇心和求知欲,培养孩子对空间科学的兴趣。又如青岛中科院海洋研究所幼儿园,在进行"长长的海带"科学活动时,除了让幼儿观察工作人员从海里捞上来的新鲜海带,观察、感知海带,举办海带宴外,还请海洋研究所的专家介绍海带的养殖和海带的营养价值。这个活动让生长在海边的孩子增长了知识,从而更爱吃海带、热爱大海,对科学家更尊敬。

又如请木工叔叔走进活动室,以熟练的技能用木材做了一只小板凳,孩子们竟然"看得出神",感受到双手技能的作用,还进行了尊重工人叔叔的教育。

二、家庭和家庭成员

(一)家庭在幼儿科学教育中的作用

家庭中的物质材料是幼儿学科学的重要资源。家庭是一个与社会有着紧密联系的社会实体,是幼儿探索科学的初始地,拥有丰富多样的物质材料可供幼儿进行科学探索、技术制作。家庭可为幼儿提供丰富的自然物,如绿色的蔬菜、品种多样的水果、色彩鲜艳的花卉、鲜活的鱼虾、大小不同的禽蛋、可爱的宠物和幼小的昆虫等等。科技产品更是琳琅满目,有常见的家用电器、不同材料制成的生活器皿和玩具等等。它们都会激起孩子们的好奇心,成为幼儿进行科学探索、科学认知的对象,既是幼儿生活必需品,又是学科学的资源。还有某些废品如纸盒、小罐子、硬纸板、小瓶子也是幼儿动手制作的资源,可供幼儿动手制作、创造"科技产品"。

随着幼儿年龄的增长,通过多次的、反复的、持续的接触、观察、使用,他们就在家庭提供的丰富资源中,逐渐地获取了多样的、广泛的,与他们日常生活紧密联系的、零散的,又是最基础的、最必需的科学经验知识和使用它们的简单的操作技能。遗憾的是成人忽视了这些宝贵的资源,如能随时随地、及时地利用,幼儿的科学启蒙将会有一个良好的开端。

家庭还为幼儿学科学提供了一个安全、和睦的环境,让幼儿在自由自在的生活中,大胆地提出问题,无拘无束地、愉悦、轻松地进行科学探索,快乐地创造、制作"产品"。

(二)父母在幼儿科学教育中的作用

父母是幼儿科学教育社会人力资源中的主要成员,他们在幼儿科学探索过程中的作用,是任何人无法取代的。

(1)具有血缘关系的父母,是幼儿学科学的启蒙教师,是把幼儿引入科学世界的第一人。

年幼儿童学科学开始于家庭,自婴儿呱呱坠地,来到人世,最亲密的母亲就把他带入了五光十色的大千世界。他呼吸着新鲜空气,凝视着绚丽的阳光,倾听着柔情的摇篮曲,吸吮着香甜的乳汁,抚摸着柔软的被服。孩子以他与生俱来的好奇心和探索世界的工具——五官(耳、目、口、鼻、舌)探索周围世界,与环境相互作用,与母亲亲密互动。母亲对着婴儿轻轻地告诉他:"光,亮亮的""歌声很好听""被子软软的"……他经历、感受、体验着,在人生的开始,吸取了最初始的科学经验,由父母引入了科学世界!

父母从日常生活中的一事一物到浩瀚的大自然、宇宙太空,通过孩子的观察、触摸、探索,将第一手的、真实的科学经验知识在自然状态下,亲切地传递给幼儿。孩子最亲近的父母,只要是个有心人,随时随地都有可能引导幼儿学科学。

(2)父母是幼儿园科学教育的积极配合者。

随着时日的推移,孩子进入幼托机构后,父母的角色有了转换,成为幼儿园科学教育的积极配合者。

(3)父母从思想上,真诚地支持幼儿园进行科学教育。据我们的调查,90%以上的家长支持幼儿园开展科学教育活动。有的家长说:"幼儿园进行科普教育很有必要,能在孩子心灵处扎根,激发孩子们从小爱科学、学科学、动脑筋、发展智力……"由于家长的支持,他们乐于把孩子们在家里提出的问题、探索科学的情况,与教师进行沟通。如和孩子一起观察月亮的变化,帮助孩子记录下来,提供给教师。

(4)积极地配合幼儿园开展科学活动,提供必要的物质材料。如小班幼儿认知苹果活动,请每个家长为幼儿带一个苹果来园,每个孩子都能观察、感知、探索苹果的外形、特征,品尝苹果的美味。孩子们高兴地描述着:"我的苹果是红的""我的是黄的还有点绿""我的是又红又绿""我的苹果吃起来甜里有点酸""我的脆脆的""我的软软的""我的硬邦邦的"——苹果的特性、多样性就生动地显示出来了。一堂认知"苹果"的正规性活动,在每个家长的支持下,使苹果的内涵充实了,科学活动变活了,可以说是"活教育"吧!

(5)积极地参与科技制作的亲子活动。

幼儿科学教育的科技制作,有的适合于幼儿个别操作,有的则需要多人合作,共同参与。以亲子活动的方式,家长和孩子一起参与,共同制作一件科技"产品",这将使制作过程增添欢乐,提高孩子创作的积极性。同时,家长还能协调孩子间不和谐的行为举止,帮助孩子们解决技能上的困难。如六一幼儿园"制作环保袋"的亲子活动,南京市实验幼儿园的创建"和谐号空间站"的亲子活动,都取得了良好的教育效果。

如在"和谐号空间站"的创建过程中,家长和孩子共同选择合适的材料,共同设计和搭建,孩子们充分发挥想象力、创造力,家长则帮助、指导孩子怎样使用工具、学会技巧,优势互补。在孩子、家长和教师的积极互动中,在孩子们的欢呼声中,"和谐号空间站"创建成功了。孩子们的精神得到了鼓舞,想象力、创造力得到了发挥,还学习了技能,发展了动手能力,更培养了合作精神,增添了自豪感、自信心。家长们见到孩子们的欢乐情景,他们的欣慰、愉悦的情感毫无掩饰地显露在微笑中,为孩子们的成功而高兴。

实践证明,在幼儿科学教育中,幼儿园和家庭如能互相合作、共同配合,充分发挥家庭人力、物力资源优势,形成幼儿园与家庭、教师与儿童和家长的良性互动,年幼儿童的科学教育将会取得"1+1>2"的最佳效果。

上述幼儿科学教育的几方面资源,它们互相补充,教师应充分利用以上丰富资源,使幼儿学科学充满生机和活力,让幼儿在学科学的过程中享受快乐!

复习思考题

1. 幼儿科学教育的资源有哪几个方面?

2. 你是怎样发挥大自然的资源作用的?

3. 室内的科学教育环境、设备有哪些?

4. 儿童科学发现室的特点和作用是什么?

5. 为什么要建立科技制作坊?你所在的幼儿园设置了吗?

6. 你是怎样利用幼儿科学教育的社会资源的?

第七章

幼儿科学教育的评价

第一节　幼儿科学教育评价的内容和作用

一、有关评价的几个概念

（一）评价

评价是评定某事物价值高低的过程，是在进行系统的调查和测量后，在所获得的信息基础上进行价值判断的过程。它比较严格、准确。评价有定性评价和定量评价两种。

定性评价是用切合实际的语言、文字来描述被评定对象的性质。如某中班的幼儿能把草坪上的碎纸、果壳拾干净，说明该班幼儿有保护周围环境清洁的行为。

定量评价是以数量来表示评价对象的性质和功能。如某幼儿对"神七飞天"提了两个问题，表现出他对"宇宙飞船"好奇心的程度。

一般都将定性评价、定量评价相结合来评价事物。

（二）评估

评估是对某事物的价值作评议、估计，是准确度较低的模糊定量的评价，评判过程中含有推测和估量。

（三）测量

测量是用仪器确定时间、空间、温度、功能等有关数值。测量是评价过程中的一种重要手段。其目的是获取客观的数据,真实地反映测量对象所具有的特征。如"测量水温有多少度?""这棵梧桐树的树干有多粗?"

(四) 幼儿科学教育的评价

幼儿科学教育的评价是对幼儿科学教育的各种要素进行价值判断的过程。这些要素包括幼儿科学教育目标、环境、内容、方法,以及儿童学习科学教育后认知技能、社会情感等的发展状况。

二、幼儿科学教育评价的内容

对幼儿科学教育进行评价主要从以下几方面展开:

(1) 课程领域评价。就是指对幼儿科学教育作整体性的价值判断。包括幼儿科学教育的目标、内容、方法、环境等的评价和经过科学教育后幼儿发展水平的评价。

(2) 幼儿科学教育目标评价。即从幼儿科学教育的认知、方法与技能、情感和态度三方面出发,诊断其是否适合该年龄阶段的发展水平,能否促进幼儿的发展。

(3) 幼儿科学教育环境、设备的评价。

(4) 幼儿参与科学教育活动积极性的评价。

(5) 幼儿好奇心发展的评价。

(6) 幼儿爱护动植物的情感、态度和行为的评价。

(7) 幼儿科学知识经验的评价。

(8) 幼儿科技制作技能的评价。

(9) 幼儿感知观察能力的评价。

(10) 教师的教学方法、师幼关系的评价。

(11) 家长对科学教育的认识和参与情况的评价。

(12) 幼儿科学教育的教育内容的评价。

以上列举的评价内容,可根据幼儿科学教育评价的需要选择,仅供参考。

三、幼儿科学教育评价的作用

幼儿科学教育评价具有以下几方面的作用:

(1) 鉴定作用。通过对科学教育的评价可以比较科学地确认幼儿科学教育在幼儿发展中的价值。例如某幼儿园以幼儿科学教育为特色开展教育教学活动。有的幼教工作者提出质疑:这样做是否会影响幼儿的全面发展?经过几年的实践研究,最后的评价结果是,进行科学教育促进了幼儿体智德美的发展,从而消除了有些教师的疑虑。

（2）通过评价,可以了解幼儿科学教育的目标、内容、方法、环境、教育计划等是否达到预设的标准,是否合适幼儿发展水平,能否激起幼儿学科学的积极性和探索兴趣,以改进和修正原有计划、目标或方法等等,有利于提高幼儿科学教育的质量。

（3）通过评价可向教师、幼儿园行政管理人员、家长、教育政策制定者、幼教专业人员、社会人员提供幼儿科学教育的准确、可靠的信息,让他们了解科学教育的真实情况和价值,从而提高幼儿科学教育的可信度,让大家关注、重视幼儿科学教育。

（4）通过评价,让幼儿看到自己的成功、进步,可以影响幼儿的自我评价,激发幼儿学科学的兴趣、主动性,增强幼儿的自信心。正所谓"成功产生更多的成功",积极的评价会让幼儿以更积极的态度参与科学活动。

第二节　幼儿科学教育评价的方法和步骤

一、幼儿科学教育评价的方法

幼儿科学教育评价的方法多种多样,一般使用的有:观察法、谈话法、问卷调查法、自我报告法等。评价者可根据评价的目的、需要,选择适合的方法。

（一）观察法

观察法是在自然状态下或有准备的情境下,对评价对象的行为或发生的事件,进行现场观察,并根据观察的记录（资料）进行整理分析,作出评价。观察法是评价幼儿科学教育常用的有价值的方法。它可用于对幼儿学科学的行为的观察,也可用于教师的教育行为的观察、师幼互动情况的观察等等。

评价者在观察过程中的记录,必须客观、真实、具体,避免主观臆想、猜测或推断,影响所收集资料的科学性和有效性。

1. 轶事记载

轶事记载是观察中最容易的一种观察方法,它不受观察时间、地点的限制,要求对某个幼儿（观察对象）作连续的跟踪观察。观察者可随时记录认为该幼儿有价值的事件和行为。

轶事记载适用于内容广泛的观察，没有特定的对象。这种记载可以帮助观察者了解幼儿的个性、特点。如果持续地进行记载，积累了一定的资料，就可作为某个幼儿评价的依据。

采用轶事记载，观察、记录有关幼儿学科学的行为或事件，应注意以下几点：

(1) 观察到幼儿某一行为，观察者要及时、迅速地作幼儿行为、语言的原始记录，以保证记录的客观性、真实性。

(2) 记录事件或行为发生的环境和地点。

例1：某天，有一位小朋友在玻璃窗上不断地用手划来划去，喊我去看，高兴地说："老师，不用纸、不用笔也能画画的。老师，你看我本领大吗？"我建议他说："你到那边玻璃上也试试！"他边走边说："肯定也能行。"过了一会儿，他对我说："老师，你说奇怪吗？我按一样的方法画的，可就是不行。"

过了几天，他在那边直对我喊："老师，你快来看呀，我画成功了！"我边走边将大拇指送给他说："这次你是怎么画成的呢？"他认真地说："我用嘴在上面吹气，一会儿玻璃变得模糊了，我再用手指在上面画就画成了。"我鼓励他说："你真会动脑筋，那为什么这里的玻璃你不用吹气呢？"他说："这里的玻璃本来就是模糊的。"

这是一位有智慧的老师的轶事记录，她为后续的幼儿科学教育评价提供了真实、生动的材料依据。

表7-1　轶事记载表

观察对象		性别		年龄	
观察时间		观察地点		观察者	
过程：					

2. 情境观察

情境观察就是评价者根据评价的需要，创设一个特定的环境，让观察对象置身于该环境中，观察其行为反应。如观察幼儿好奇心的强弱、对新异刺激（新鲜事物）的行为反应。

例如：在幼儿活动室的一角安放各种玩具，其中有一新异刺激物——芭比娃娃。观察者专心观看幼儿玩耍的情景就能发现：有的幼儿拿起来抱一抱，有的抱抱看看、听听、摸摸，有的幼儿竟脱下娃娃的衣服，寻找娃娃说话的原因。观察者就可对每一个幼儿的行为进行记录，作为评价资料。

表 7-2　幼儿好奇心强弱的行为校核表计分（幼儿对新异刺激的反应）

请根据幼儿在活动中的实际情况为其打分，其中"无动于衷"为 2 分，"抚摸摆弄"为 2 分，"提出问题"为 4 分，"寻求答案"为 6 分。				
姓名 项目	××	×××	××	×××
×××				
××				
×××				
×××				

（二）问卷调查

问卷调查是由评价者根据评价目的，通过书面形式，对调查对象提出问题，请被调查者按问题表达个人的看法和态度。问卷法简易方便，能在较短时间内收集到大量的有关信息，便于量化、统计、分析，得出客观的判断。它适用于以教师或家长为调查对象，调查各种教育情况。

问卷调查形式多样，有问答、选择题、填充题。如调查"教师的科技意识""家长对幼儿进行空间科学教育的认识"等。选择题和问答题相结合的调查表，既能取得可以量化的许多资料，又能得悉教师和家长们的具体看法和态度，有助于幼儿园科学教育的进行，以收到较好的效果。

例 2：教师科技意识调查表，见表 7-3。

表 7-3　教师科技意识调查表

你认为向幼儿进行科学教育重要吗？请在相应的方框内打"√"。		
不重要	一般	重要
请你说明这么选的原因：		

例3：向家长调查对幼儿进行空间科学教育的意见，见表7-4。

表7-4

你认为对大班幼儿进行"神七飞天"的教育有无必要？请在相应的方框内打"√"。并解释这么选的原因。		
没有必要	无所谓	有必要
原因：		

该表的调查结果：100％的家长认为很有必要。他们的回答是：

"这是孩子们喜欢的话题，可以满足孩子的好奇心，让孩子们了解航天发展的成就。"

"普及航天知识，从孩子们抓起。"

"激发探索宇宙的兴趣。"

"开拓孩子们的视野……"

"让他们从小爱科学、学科学。"

"是中国人的飞天梦……"

例4：家长带领幼儿接触大自然的情况调查，见表7-5。

表7-5

你经常带自己的孩子接触大自然吗？请在相应的方框内打"√"。并解释这么做的原因。		
没有	很少	经常
原因：		

（三）访问谈话

访问谈话是谈话者直接与访谈对象进行面对面交谈,获得有关的信息,收集评价资料的方式。通过访谈获得的资料更真实可信,尤其与幼儿交谈,更生动有趣。

访谈者与幼儿谈话,一般为了获得幼儿学习科学经验知识,对大自然的情感态度的信息,作为幼儿科学教育评价的资料。

与教师谈话则是了解幼儿学科学的情况和教师进行教学、幼儿发展方面的信息。

与家长谈话一般是了解幼儿有关自发探索科学的表现以及家长对幼儿学科学的关注程度。

访问谈话主要用于访谈者与幼儿直接对话。

访谈的形式多样,可以小组访谈,也可以个别访谈。一般来说,个别访谈效果较好。

无论何种形式,访谈者必须事先做好准备,明确访谈目的,提出具体明确的问题。访谈时要耐心倾听被访谈者的回答,并如实记录孩子回答的原始语言,保证访谈的真实性。

例 5:为了获取幼儿对"月亮"认知的某一信息,对某幼儿园大、中、小三个年级的部分幼儿进行了简单的个别访谈。

访谈的问题:

1. 你见过月亮吗?

2. 月亮吃东西吗?

3. 你怎么知道的?

访谈记录如下:

幼儿对问题 1 的回答:"我见过月亮,是妈妈带我在阳台上看的。"

　　　　　　　　　　"我在房间里看到月亮的。"

　　　　　　　　　　"我自己走到阳台上看的。"

幼儿对问题 2 的回答:"不知道。"

　　　　　　　　　　"不知道,老师没讲过。"

　　　　　　　　　　"好像吃。"(犹豫)

　　　　　　　　　　"吃。"

　　　　　　　　　　"不吃。"

幼儿对问题 3 的回答:"月亮不吃东西,它没有嘴巴。"

　　　　　　　　　　"它没有肚子。"

"它太高了,东西拿不上去。"

"月亮吃东西,因为小白兔要吃东西。"

"嫦娥阿姨要吃东西。"

通过访谈,访谈者获得了真实有趣的答案,孩子们对月亮是否吃东西的问题是模糊的。结论是:对孩子们讲述"熊和月亮"的科学童话故事有价值。

(四) 儿童游戏

儿童喜爱游戏,通过游戏,让幼儿在轻松、愉快、没有任何压力的状态下,边玩边做测试题目,获取幼儿科学认知的真实评价资料,是值得尝试的。

1. 连连看游戏

请幼儿把图中的动物与它们喜欢吃的食物画一条线连起来,以了解幼儿对某些动物的生活习性的知识经验。如图7-1所示。

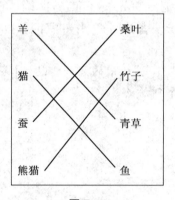

图7-1

2. 看一看,哪个对,哪个错

请幼儿看图,在对的下面打"√",在错的下面打"×"。通过游戏,使幼儿应用已有的科学知识经验来辨别对错,以获取幼儿学习科学知识的有关资料。

磁铁吸木块	磁铁吸铁钉	小狗吃骨头	小狗吃青草
( )	( )	( )	( )
黄色的香蕉	红色的香蕉	鸡在草地上	鸡在水中游
( )	( )	( )	( )

图7-2

3. 排序游戏

准备有春夏秋冬不同景象的四张图片,请幼儿把排列混乱的四张图片按春夏秋冬的不同特征,有顺序地进行排列。可以人手一套春夏秋冬的小图片,几个幼儿同时进行,也可两个幼儿同时进行,看谁排得又正确又迅速。教师要及时记录,以获取幼儿对四季特征和四季顺序的认知资料,以作评价幼儿科学学习的依据。

排序游戏对幼儿要求较高,难度较大,一般在大班进行。

表 7-6 幼儿春夏秋冬的排序记录表

项目 姓名	春 (1)	夏 (2)	秋 (3)	冬 (4)	对	错
×××	1	2	3	4	√	
×××	2	3	4	1		×
×××	1	2	3	4	√	
×××	1	3	4	2		×
×××	1	2	3	4	√	
×××	1	3	4	1		×
×××	1	2	3	4	√	
×××	1	2	3	4	√	
合计					5	3

上述列举的几种评价方法,评价者可根据评价目标,选择适合的方法,有步骤地对评价对象作出科学的评价。

二、幼儿科学教育评价的步骤

幼儿科学教育的评价是一个严谨的动态过程,评价者必须按照一定的顺序,开展细致的工作,以保证评价的客观性、科学性,取得有效的结果。

(一)明确评价目的和评价内容

明确评价的目的是评价工作的首要任务。如评价该幼儿园实施科学教育是否达到目标,完成目标情况是优秀、良好还是一般。

评价内容包括:评价某个科学活动是否适合该年龄班幼儿发展水平;评价幼儿参与科学活动的主动性、积极性,是主动参与,还是被动参与。明确评价内容可以让评价者有一个明确的、具体的评价方向。

(二)明确评价者和评价对象

评价者可以是教师、幼儿园管理人员(园长)、上级教育部门领导或幼儿教育研究人员等。

评价对象可以是教师、幼儿或幼儿的家长。

(三)设计评价方案

(1)评价者根据评价目的,设计评价中各项具体工作的实施计划。如:确定评价对象的班级、人数、日期等等。

(2)评价者选择评价方法,应考虑评价者与评价对象直接接触,面对面谈话,还是通过书面调查,设置情境、观察调查对象等等,以有效地达到评价的目的。

(四)实施评价方案

(1)收集需要的评价资料,及时记录。如:使用类似表7-7的调查表格,可选择记录效果。

表7-7 小班幼儿(期末)感知能力发展调查表

项目\姓名	视觉(1分)	听觉(1分)	触摸觉(1分)	嗅觉(1分)	味觉(1分)	总分
××	1	1	1	1	1	7
×××	1		1	1	1	6
×××	1	1		1	1	7
××				1	1	3
×××	1	1	1			3
×××						
××						
合计						

注:使用三个以上感觉器官的幼儿加2分。

（2）整理、统计收集的资料。

（3）根据收集的资料，进行全面如实的分析，并与评价的目的对照，作出客观的诊断性评价结论。如多少幼儿能使用眼睛观看，视觉能力得到较好的发展；能使用手的触摸，触摸觉得到了发展；但幼儿不习惯使用耳朵倾听，获得周围事物的信息。

（4）处理评价结果，评价者将评价结论写成评价报告，提供给教师，可改进教学工作，或送给上级作决策参考。专业人员、科研工作者也可以此作为某研究项目的有力依据。

以上详述了幼儿科学教育评价的步骤，为了使评价者认真、细心地实施评价方案，要避免评价中的浮躁、急于求成、主观推测，影响评价。必须注意评价的客观性、科学性、真实性和有效性，提高评价的价值，促进幼儿科学教育不断提高质量。

复习思考题

1. 为什么要进行幼儿科学教育评价？
2. 幼儿科学教育有哪些评价方法？
3. 学习做轶事记录三次。
4. 思考、制订一个观察幼儿的行为调查表。

活 动 篇

一、幼儿科学教育活动设计

（一）动植物方面

活动 1 可爱的宝葫芦（大班系列活动）

系列活动 1：种葫芦

 活动目标

1. 学习种植葫芦秧苗的方法，获得运用简单劳动工具种植葫芦秧苗的经验。
2. 感受集体种植的乐趣。

 活动准备

1. 葫芦秧苗、盛好水的水桶、小铲子、洒水壶若干。
2. 事先安排好种植田地。

 活动过程

1. 谈话导入，激发幼儿种植葫芦苗的兴趣。

   ★ 教师：你见过葫芦吗？在哪儿见过的？葫芦长在什么地方？

   ★ 教师（出示葫芦秧苗）：这是什么？今天我们就来学学种植葫芦秧苗，种植时需要什么呢？（介绍种植工具）

   ★ 教师：种植葫芦秧苗时，还需要注意哪些问题？

   ★ 教师小结：轻拿轻放葫芦秧苗、安全使用工具等。

2. 组织幼儿到田地种植葫芦。

   ★ 教师：我们有了工具、秧苗，要怎样种才能长出葫芦呢？（师幼讨论种植

的距离、深浅)

★ 教师:谁愿意来试一试?(请一幼儿示范)引导幼儿观察种植的步骤。

★ 教师与幼儿共同讨论小结种植秧苗的步骤:挖洞→放苗→盖土→浇水。

★ 组织幼儿种植,教师指导。

3. 引导幼儿讨论如何管理。

★ 教师:葫芦秧苗已经种好了,以后我们怎样管理才能让它长出葫芦呢?

★ 收拾整理种植工具,回教室。

 活动建议

★ 教师经常带领幼儿观察葫芦的生长过程,参与给葫芦浇水等劳动,定期
观察并记录。

系列活动 2:探索葫芦宝宝

 活动目标

1. 观察葫芦的特征,初步知道葫芦是一种藤蔓植物,了解其用途。

2. 通过动手操作,发现葫芦内部的结构,能用连贯性语言表达葫芦宝宝的基
本特征。

3. 体验集体品尝活动的乐趣。

 活动准备

1. 葫芦种植园地。

2. 葫芦做成的菜。

 活动过程

1. 师生散步来到葫芦架下,引起幼儿观察探索兴趣。

★ 教师:架子上都挂满了什么? 葫芦都长在什么地方?(引导幼儿观察)

★ 教师小结:葫芦是一种藤蔓植物,它需要攀爬在架子上,长在茎上。

2. 观察葫芦的外形特征。

★ 教师:小朋友看一看、摸一摸,葫芦长什么样子? 它像什么?(葫芦是绿

色的;葫芦有各种各样的形状,有棒状、瓢状、海豚状、壶状等;摸上去有绒毛,硬硬的)

3. 通过实验,了解葫芦的内部结构和价值。

★ 教师:请你们猜一猜,葫芦里面有什么。我们将葫芦切开看一看。
　　(幼儿动手切葫芦,引导幼儿说说葫芦的内部结构)

★ 教师:你发现葫芦里有什么?(葫芦里面有葫芦籽、葫芦瓤、葫芦肉)

★ 教师:葫芦有什么用?(葫芦嫩的时候可以食用,成熟后壳硬,可以做瓢、勺等用具)

4. 品尝葫芦,进一步了解葫芦的用途。

★ 请幼儿尝一尝葫芦做成的菜,并回忆葫芦还可以怎么吃。(葫芦可以炒着吃、蒸着吃、烧汤吃等)

★ 请幼儿说说葫芦除了可以吃,还有什么用处。(葫芦还可以做工艺品如鸟巢、小装饰品、灯具、乐器等)

 活动建议

★ 请幼儿和家长一起收集各种不同形状和颜色的葫芦,参与美工制作活动:① 装饰葫芦;② 在葫芦上作画;③ 制作葫芦脸谱。

图 1-1　葫芦架长廊

图1-2　小朋友在葫芦上作画

图1-3　移栽葫芦苗1

图1-4　移栽葫芦苗2

图1-5　移栽葫芦苗3

南京市江心洲中心幼儿园:俞春花

指导教师:谢金莲

活动 2　柳树姑娘（大班系列活动）

系列活动 1：认识柳树

 活动目标

1. 观察发现柳树的外形特征及生长环境。
2. 学习观察方法，观赏柳树的美姿，发展幼儿的观察力、想象力。
3. 学习词汇：柳树、树干、树枝、下垂。

 活动准备

寻找柳树生长较多的环境。

 活动过程

1. 带领幼儿散步到柳树生长地，引导幼儿观察。

★ 教师：谁知道这是什么树？以前你在哪里见过？

★ 教师：请你们看看，它长得怎样？

★ 教师：这是什么？（指着树干）它长得怎么样？摸上去有什么感觉？

★ 教师：这一条条的是什么？（指着柳条）它是什么样子的？（细细长长的、垂下来的、很柔软）

★ 教师：你们猜猜，风吹来的时候它们会怎样？

★ 教师：现在请你们随意站站，看看（引导幼儿可以站远看柳树）你们看到了什么？有什么想法？你喜欢柳树吗？为什么？

★ 教师：你还发现什么啦？（树叶随风飘荡）

2. 探讨柳树的生长环境。

★ 教师：你们看到的柳树长在什么地方？为什么？

3. 教师小结。

★ 教师：柳树有树干、柳条、柳叶；树干上的树皮厚、硬，有裂纹；柳条细长而低垂，上面长着小小的、细细长长的叶子，都是绿色；柳树喜欢生长在有水的地方;春天来了,柳树开始发芽,慢慢长出细小的叶子;当春风吹来,所有的柳枝都会随风摆动,远远看上去,非常美丽,大家称它"柳树姑娘"。

🏃 活动建议

★ 学唱歌曲《柳树姑娘》。

【附】歌曲《柳树姑娘》

柳树姑娘

```
1=F  3/4                              罗晓航  词
优美、抒情地                           夏晓红  曲
```

柳 树 姑 娘, 辫 子 长 长。
风 儿 一 吹, 甩 进 池 塘。
洗 洗 干 净 多 么 漂 亮, 洗 洗 干 净 多 么 漂 亮。
多 么 漂 亮, 阿 里 啰。

图 2-1　观察探索柳树 1

图 2-2　观察柳树 2

系列活动 2:编柳帽

 ## 活动目标

1. 学习用柳条编柳帽并进行装饰。
2. 通过观察、尝试、讨论及看图示的方法掌握编柳帽的方法,掌握一定的学习策略。
3. 体验编柳帽带来的乐趣。

 ## 活动准备

垂柳、花、柳条、编柳帽的图片、音乐《柳树姑娘》、柳帽 6 个、装饰好的柳帽 1 个、柳条编的手镯 1 副、筐 2 个、花篮 3 个。

 ## 活动过程

1. **设计提问,导入活动。**

★ 教师:小朋友,现在是什么季节呀? 春天到了,大自然有什么变化?

2. **通过观察、讨论,尝试编柳帽的方法。**

★ 出示柳帽,用猜一猜、拆一拆的方法探索编柳帽的方法。

教师:这是什么? 你在哪里看过? 它是怎么做的? 用什么办法能知道

它是怎么编的呢？（讨论）请你们拆开来看一看,互相说一说。

★ 交流、学习编柳帽的方法。

★ 幼儿自选柳条,尝试编柳帽。

★ 教师:你是怎么编的?（请个别幼儿示范）

★ 帮助幼儿解决困难。

教师:你在编柳帽的过程中有什么困难?

3. 出示图示,讨论编柳帽的方法并再次编柳帽。

★ 教师:这儿有几张图片,记录了编柳帽的方法,我们一起看一看。

★ 引导幼儿概括小结:① 量尺寸;② 编圆圈;③ 加厚度;④ 成型。

4. 幼儿继续编柳帽。

★ 提出编柳帽和装饰柳帽的要求。

教师:我们每个小朋友编一顶柳帽,用一根柳条拿一根柳条,做好柳帽后到桌上拿花把自己的柳帽装饰得漂亮一些。

5. 讨论:柳条还可以做什么?

6. 幼儿扮演柳树姑娘,跳舞结束活动。

★ 教师:我们戴着柳帽一起跟着音乐来跳舞吧!

 活动延伸

★ 区域游戏:将自制的柳帽、柳镯等投放到表演游戏中。

【附】图示

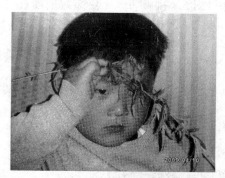

图 2-3　量尺寸

图 2-4　编圆圈

图 2 - 5　加厚度

图 2 - 6　成型

系列活动 3：编制柳条手镯

 活动目标

1. 学习用缠绕、连接等方法制作柳条手镯。
2. 通过观察、猜测、讨论等方法掌握柳条手镯的制作方法。
3. 激发制作的兴趣，体验做柳条手镯的乐趣。

 活动准备

垂柳枝条、音乐《柳树姑娘》、柳条手镯若干。

 活动过程

1. 设计提问，导入活动。

★ 教师：春天来了，池塘边的柳树有什么变化？风吹来时柳条会怎样？

★ 认识柳条手镯。

教师：这是什么？（柳条枝）你会用它做什么？

教师：看！老师把它做成了什么？（这是用柳条枝制作的手镯）

2. 通过观察、猜测、讨论，尝试用柳条枝编制手镯。

★ 用猜一猜、拆一拆的方法探索编制柳条手镯的方法。

教师：柳条手镯是什么样子的？猜猜它怎么做出来的？请你们拆开来

看一看、说一说:你觉得柳条手镯是怎么做的。

★ 交流、学习编柳条手镯的方法。

　　幼儿自选柳条,尝试编柳条手镯。

★ 教师:这里还有许多的柳条,请你试一试编柳条手镯。(教师提出编柳条手镯的要求)

★ 帮助幼儿解决困难。

　　教师:你在编柳条手镯时遇到了什么困难?

★ 出示图示,讨论编柳条手镯的方法并再次编柳条枝相框。

　　教师:这儿有几张图片,记录了柳条手镯的缠绕和连接的方法,我们一起看一看。

★ **师幼概括小结**:① 量尺寸;② 编圆圈;③ 加厚度;④ 成型。

3. 幼儿制作柳条手镯。

★ 教师:我们每个小朋友先编一个柳条手镯,用一根柳条拿一根柳条,做好一个可以再做一个,最后用花把自己的柳条手镯装饰得漂亮一些。

4. 跳舞。

★ 教师:我们戴着手镯一起跟着音乐来跳舞吧!

南京市江心洲中心幼儿园:谢金莲

指导教师:刘定秀

活动 3　江边的芦苇(大班系列活动)

系列活动 1:认识芦苇

 活动目标

1. 欣赏夏天江边芦苇远近不同的景色,感受芦苇一丛一丛生长的大气、奔放之美。

2. 在实地观察活动中,学习理解词语:一丛丛、茂密、高高的、细细长长。

3. 激发爱护植物、热爱大自然的情感。

 活动准备

1. 寻找观察地。

2. 加强安全教育。

 活动过程

1. 欣赏远处芦苇荡。

★ 教师:小朋友们,我们来到了大江边,在大江边上你们看到了什么?(船、鸟)江边上生长着哪些植物?(花、草、柳树)远处一丛一丛的绿色植物是什么?(芦苇)你还在哪里见到过芦苇?(调动幼儿已有经验)

★ 感受芦苇大气、奔放之美。

教师:远看芦苇你有什么感受?(到处都是绿色,小鸟在芦苇丛上空盘旋,发出"吱吱"的叫声,渔船停在芦苇丛边,让人感受很神秘)

2. 欣赏近处芦苇丛。

★ 教师:我们走近看一看这些神秘的芦苇丛,还有哪些我们没有发现的秘密?

★ 教师:芦苇生长在什么地方?

★ 教师:芦苇的叶子是什么样子? 茎又是什么样子?(芦苇的叶子大大的、长长的,茎直直的,绿颜色的)

★ 教师:你能从芦苇丛的这头看到那头吗? 为什么?(理解词语:茂密、一丛丛、高高的、细细长长)

3. 小结。

★ 教师:夏天到了,长江边长满了一丛一丛的芦苇,远远看去都是绿绿的,非常宽阔、大气,像一片海洋。最近的芦苇丛,一根根芦苇长得高高的、细细长长的,芦苇的根生长在水里,近处的芦苇丛就像一片树林。

4. 引导幼儿认识芦苇的用途。

★ 教师:夏天的芦苇可以做什么呢?(芦苇叶可以包粽子)

5. 激发幼儿的情感。

　　★ 教师:你喜欢夏天的芦苇荡吗? 为什么?

6. 结束语。

　　★ 教师:今天我们看到的是夏天的芦苇,以后小朋友们还要继续观察芦苇在不同季节的变化,看它还会带给我们什么发现。

图 3-1　江边的芦苇 1

图 3-2　江边的芦苇 2

系列活动 2:编织芦苇帘

 活动目标

1. 尝试运用交叉编织的方法简单编织芦苇,发展动手操作能力。
2. 同伴之间尝试合作编织,能在交流过程中总结经验。
3. 通过编织和合作体验成功的喜悦,激发编织的兴趣。

 活动准备

范例、毛线、细芦苇、图示。

 活动过程

1. 谈话,导入活动

　　★ 教师:今天,乐乐超市里有顾客要买芦苇帘,想请我们编织一批芦苇帘,你们有信心完成这个任务吗? 你在哪里看过编芦苇帘的? 你知道怎么样编芦苇帘吗?(幼儿讨论)

2. 出示图示,引导幼儿看图学习用交叉编织的方法编芦苇帘。

★ 教师:这是一组编芦苇帘的图示,谁来说说每幅图的意思?(重点引导幼儿说出如何交叉编织)

3. 出示范例,尝试用交叉编织的方法编芦苇帘。

★ 教师:这是一块编好的芦苇帘,你们会编了吗?(启发幼儿观看编好的芦苇帘)谁来试试?

★ 探讨:怎么将芦苇连在一块的?(两人合作,用交叉编织的方法编制芦苇帘)

4. 幼儿操作,教师巡回指导。

★ 鼓励幼儿相互合作,能交流讨论自己的编制方法。

★ 提醒幼儿看图,合作编织自己喜欢的图案。

5. 欣赏、评价作品。

★ 让幼儿自由讲述自己喜爱的编织图案,体验成功的喜悦。

 活动延伸

★ 制作区投放处理过的芦苇及图片,引导幼儿自由创作。

系列活动 3:制作芦苇水枪

 活动目标

1. 发现芦苇水枪喷水的秘密并制作芦苇水枪。
2. 通过观察、尝试、讨论等掌握做芦苇水枪的方法。
3. 体验探索、发现与自制玩具的愉悦与成功感。

 活动准备

芦苇节、布、棉花、皮筋、筷子、水、盆、手帕。

活动过程

1. **教师玩芦苇水枪,激发幼儿的制作兴趣。**

   ★ 教师:瞧! 这是什么?(水枪)你玩过什么样的水枪? 你玩的水枪和这把水枪有什么不一样?

2. **观察水枪喷水的现象。**

   ★ 教师:芦苇水枪为什么能喷水呢? 请拿桌上的芦苇水枪试一试。(提出玩水枪的要求)

   ★ 讨论:芦苇水枪为什么会喷水?(引导幼儿观察:① 大小口;② 枪栓堵住芦苇节的内壁;③ 力)

3. **观察芦苇水枪,尝试制作芦苇水枪。**

   ★ 观察、讨论芦苇水枪的制作方法。

   教师:你发现芦苇水枪是怎么制作的了吗?(引导幼儿观察筷子顶头是圆圆大大的,皮筋要牢牢地固定在筷子上)怎样才能知道枪栓是怎么制作的呢? 摸一摸布里面包着的是什么?(幼儿猜测并打开看一看,发现填充物是棉花)

   师幼共同小结:芦苇水枪是怎样制作出来的?(归纳总结制作步骤)

   ★ 交流、尝试芦苇水枪的制作方法。

   教师:这里有制作芦苇水枪的材料,请你试一试制作一把芦苇水枪吧。(提出制作要求:① 多余的材料放进盘子里;② 水要挤进桶里去)

   集中讨论:你的芦苇水枪制作好了吗? 谁来试试你的水枪是怎么喷水的?(帮助失败幼儿找到原因)为什么有的水枪喷不出水来呢?(可以让幼儿互相想办法,也可以和成品比较发现问题)

   ★ 再次制作芦苇水枪。

   教师:现在知道芦苇水枪是怎么制作出来的了吗?(① 用布裹住棉花,插入筷子做一个圆圆大大的枪栓;② 枪栓要和芦苇口大小合适;③ 用皮筋牢牢固定)

   幼儿再次尝试制作,教师提出要求:我们一起根据讨论的方法把自己的芦苇水枪改进得更好一些,做好的小朋友可以帮助没有做好的小朋友。

   ★ 教师:最后要把桌上收拾干净,好吗? 最后,做好的小朋友在盆里比一比,谁的水枪打得远。

4. **大家一起玩水枪。**

★ 教师：做好芦苇水枪的小朋友们，可以在一起玩一玩，比一比谁的水枪打得远。

 活动延伸

★ 制作区提供挖好洞眼的芦苇节、布、棉花、皮筋、筷子等供幼儿自由选择，巩固制作。

 活动评价

★ 芦苇水枪科学小制作活动，是教师结合了幼儿的兴趣，充分挖掘农村的地域性资源——芦苇，指导幼儿制作的小玩具，让幼儿感受利用身边的材料制作玩具的快乐，获得成就感；尝试同伴之间学习、讨论，了解芦苇水枪的制作方法，发展了动手操作能力和相互合作的品质。

南京市江心洲中心幼儿园：王芳

指导教师：谢金莲

活动 4　江苏土特产——如皋萝卜
（大班系列活动）

系列活动 1：认识萝卜

 活动目标

1. 感知萝卜的特性，并能用语言表述它的特性、用途。
2. 萌发乡土情，热爱家乡。
3. 发展语言表达能力，学习编儿歌。

活动准备

1. 请幼儿带一个萝卜来园。
2. 准备腌萝卜干的必用工具和材料,如萝卜若干、盐、酱油、糖、盆子、罐子等等。

 ## 活动过程

1. 认识萝卜。

★ 请幼儿感知、发现从家里带来的萝卜,通过玩、摸、敲、嗅等等,与萝卜直接接触。

★ 教师:现在请你们说说自己的萝卜。(我的萝卜白白、圆圆的,摸在手上滑滑的。我喜欢如皋萝卜。我的萝卜又圆又白,白的像雪、像盐,摸起来硬硬的。我的萝卜是长圆的,还有一根小尾巴,像一只小老鼠。萝卜圆圆、胖胖的,像一只猪……)

★ 教师:今天,老师请你们吃萝卜,请你们想个办法看怎么吃。(洗一洗。用嘴咬。用嘴啃。用手剥皮。用刀切成一块一块……)

★ 教师:现在请你们说说萝卜的味道。(我的萝卜小的、又甜又脆,水很多。吃起来,有点麻嘴。用刀一切,裂开了,吃起来脆崩崩。很甜,很脆,很好吃。妈妈说,如皋萝卜赛雪梨。)

★ 教师:你们还知道萝卜有哪些吃法?(生吃,煮熟吃,炒萝卜丝,红烧,烧汤,腌萝卜干,萝卜头,萝卜皮……)

★ 教师:请你们想想,还有什么问题?(萝卜为什么总是圆的?为什么萝卜皮比胡萝卜皮厚?为什么萝卜硬硬的,不像葡萄那样软软的?为什么如皋的爷爷奶奶吃了萝卜会长寿?我咳嗽,为什么妈妈给我喝萝卜冰糖水?过年许多人都买一盒盒萝卜皮送人,为什么?如皋萝卜为什么是特产?它在全国,全世界都有名吗?)

★ 教师:真会动脑筋!以后,请爷爷奶奶、妈妈爸爸、老师和你们开个讨论会,交流交流!

2. 腌制萝卜。

★ 教师:请你们说说,你们的爸爸妈妈、爷爷奶奶是怎样腌萝卜的?(把萝卜洗干净。晒晒,切萝卜条,切萝卜头,放在盆里,放点盐,放点糖,还有放酱油,放麻嘴的东西,还有放在缸里……)

★ 教师和孩子们共同腌萝卜。

3. 学编儿歌《萝卜情》。

★ 教师:今天我和小朋友一起用"如皋萝卜"说说自己想说的话,然后一起来编个儿歌!

★ 教师:如皋萝卜白又圆,有大有小,有肥有瘦,真好玩!

(如皋萝卜甜又脆,赛过雪梨顶呱呱。

兔年到,萝卜俏,桌上萝卜喷喷香!

小白兔吃萝卜,请吃如皋甜萝卜。

爷爷今年七十多,吃的萝卜数不清。从前没有钱,萝卜青菜当饭吃,现在吃了鱼和肉,不吃萝卜不快活。

我的家乡是如皋,如皋萝卜品种多,"洋胖子""百日子""六日子"……"百日子"最好吃,皮薄肉嫩水又多。)

★ 教师:刚才你们说的很多,好像唱萝卜歌,现在我们把大家说的编成儿歌。

（一）

小小手,玩萝卜,

小眼睛,看萝卜。

小嘴巴,尝萝卜,

小脑筋,动一动。

如皋萝卜真不错。

……

（二）

家乡如皋就是好,

长寿老人真不少。

长寿老人告诉我,

萝卜营养实在好,

吃了长生不老!

（三）

我的家乡是如皋,

爷爷告诉我:

如皋萝卜赛雪梨,

妈妈告诉我，

萝卜头，萝卜干，

萝卜条，萝卜皮，

又甜又脆味道好，

坐火车，坐飞机，

去日本，去美国，

如皋萝卜真有名！

如皋市健康幼儿园：吴健美

活动 5 做青团（大班系列活动）

系列活动 1：采摘艾草

 活动目标

1. 通过寻找、采摘艾草的活动，学会识别艾草。

2. 知道艾草是做青团的原料。

 活动准备

新鲜艾草若干，操作盘人手一只，青团一只。

 活动过程

1. 以清明节吃青团的话题，引起幼儿采摘艾草的兴趣。

★ 教师：清明节就快到了，你们知道清明节时家家户户都要做什么、吃什么吗？（做青团、吃青团）

★ 教师：你们想做青团、吃青团吗？

★ 教师（出示青团）：青团又青又香，它需要一种野菜才能做，你们知道是什么吗？（请幼儿猜测、讨论、表达）

★ 出示艾草,请幼儿观察艾草的特征。

★ 教师:我们现在没有艾草怎么办?(请幼儿想办法)

★ 教师:对,去摘艾草是个好办法,我们一起去摘吧。

2. 引导幼儿探索、发现、采摘艾草。

★ 带领幼儿拿着小盘来到长有艾草的草地上。

★ 教师:现在请你们在草地上找一找艾草,找到后放在盘子里。

★ 观察幼儿寻找、采摘艾草的情况和情绪,及时进行个别指导。

3. 引导幼儿畅谈采摘艾草的经过。

★ 教师:刚才你们是怎样找艾草、摘艾草的? 有什么感觉?(幼儿自由讨论,大胆表达)

★ 教师:请你们把艾草和野草分开,将艾草放在盘中,将野草丢掉。

★ 教师小结:今天我们全班小朋友都高高兴兴地参加了采摘艾草的活动,学会了在草丛里寻找艾草、采摘艾草的本领。有了艾草,我们就可以做又青又香的青团了。

系列活动 2:做青团

 活动目标

1. 学习做青团。
2. 感受做青团以及分享食物的乐趣。

 活动准备

1. 幼儿观看教师用切碎机切艾草、将艾草末和入米粉团以及准备馅料等过程。
2. 拌有艾草的糯米粉团、馅料若干;蒸笼、蒸布、粽叶、汤匙等若干。
3. 请幼儿洗净双手。

 活动过程

1. 以青绿色的糯米粉团引起幼儿做青团的兴趣。

★ 教师:你们看这是什么? 它为什么是青绿色的?

★ 请幼儿拿取青绿色的粉团,看看、捏捏、搓搓、团团,然后说说米粉团是什么样的,拿在手里有什么感觉。(幼儿讨论、表达)

2. 演示做青团的方法。

★ 先将米粉团圆,用大拇指在米粉团中挖一个坑,然后将大拇指放在坑内,其余四指放在外边,把米粉团捏成酒盅状,再将馅料放入,最后把洞口封住、团圆,摆在粽叶上放入蒸笼。

3. 引导幼儿做青团。

★ 观察幼儿做青团的情绪和过程,帮助有困难的幼儿。

4. 引导幼儿观看蒸青团的过程。

5. 启发幼儿与弟弟妹妹共同尝青团,体验成功的喜悦。

浙江省台州市路桥区小世界幼儿园:洪琰等

活动 6 春天的小花环（大班）

 ## 活动目标

1. 利用小野花制作花环,学习制作方法。
2. 通过观察、看步骤图,在尝试和讨论中完成制作,发展动手操作能力。
3. 感受用自然物进行手工活动的乐趣。

 ## 活动准备

范例、野花、篮子、步骤图、盘子、音乐。

 ## 活动过程

1. 出示野花花篮,进行谈话活动。

★ 教师:瞧! 这是老师和小朋友们去江边踏青时捡的小野花,漂亮吗? 你喜欢哪朵? 为什么呢? 这些花我们称它们小野花。请你们想一想,我们能用它们做些什么?

2. 出示范例,引导幼儿观察、讨论、尝试制作小野花花环。

★ 教师:看,小野花做成了什么? 你看过这种小花环吗? 猜猜是怎么做的?

★ 小组共同观察、讨论小野花花环的缠绕方法。

教师:谁知道小野花花环是怎么做的?(小组观察、讨论制作方法)

★ **教师小结**:小野花花环是一朵接着一朵缠绕起来,缠绕成一个长长的花条再连接成花环。

★ 出示步骤图,引导幼儿讨论制作方法。

教师:这是制作花环的步骤图,谁能一步一步清楚地告诉大家是怎么制作的?

请一名幼儿示范缠绕的方法。

★ 教师:小野花一朵一朵地缠绕成了长长的花条,怎样变成花环呢?(讲解固定的方法)

3. 幼儿尝试制作花环。

★ 教师:你想编一个什么颜色的花环? 你编的花环想戴在哪里? 戴在头上和手上的花环缠绕的时候有什么不一样?(长度不一样)

4. 跟着音乐跳舞。

★ 教师:做好的小朋友,让我们跟着音乐跳舞吧!

【附】花环制作步骤图

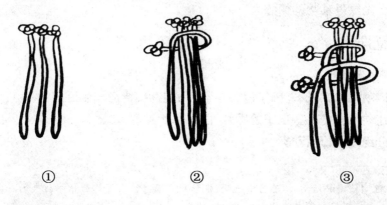

①　　　　　②　　　　　③

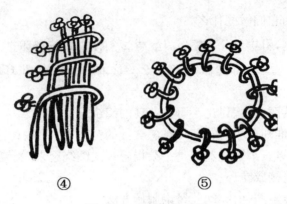

④　　　　　　⑤

图 6-1　花环制作步骤

南京市江心洲中心幼儿园：倪寿琴

活动 7　机灵的猴子（大班）①

 活动目标

1. 在观察猴子的基础上，通过图片、玩具以及幼儿的介绍，了解猴子的名称、特性与习性。知道猴子是多种多样的，猴子都是灵活的，讨人喜爱的。
2. 激发热爱动物的情感。

 活动准备

1. 观察过猴子。
2. 请幼儿向家长、老师了解各种猴子的名称、特征与生活习性。
3. 让幼儿准备一些猴子的图片、图书和玩具等。
4. 分组或全班活动。

---

① 以下未注明出处的活动，均选自王志明、张慧和主编：《幼儿园课程指导丛书·科学（大、中、小班）》，南京师范大学出版社 1997 年版。

活动过程

★ 教师:谁知道今年是什么年?(猴年)

你喜欢猴子吗?为什么喜欢猴子?

★ 教师:今天我们大家就来谈一谈猴子。你们在动物园、电视中、图片上见到过什么样的猴子?它们是什么样子?它们在干什么?

猴子们住在哪里?喜欢吃什么?

猴子为什么讨人喜欢?它们有什么好玩的事?

请你们每人扮演一两种猴子的滑稽相。

★ 教师:刚才,大家一起讲了许多猴子:懒猴、金丝猴、豚尾猴、台湾猴、黑叶猴、猕猴。它们是各种各样的,颜色有白色、黑色、金黄色、灰色等;它们有的很懒、有的很凶狠、有的很顽皮;它们有的住在山上,有的躲在洞里。

★ 教师:再请你们介绍一下你们带来的猴子的图片、图书和玩具,说一说它是什么猴子,它有什么好玩的事?

猴子又聪明又能干,它还会做一些什么事?(演马戏)

现在请每个小朋友学学猴子的样子,越讨喜越有趣越好。好,大家跟着音乐,做一个可爱的小猴子吧!

★ 教师:我们一起说了猴子,演了猴子,大家真像一只只活跃可爱的小猴子。今天下午请大家来画猴子的图画,然后将我们的图画布置在教室里,比一比,谁画的猴子最可爱。

【附】谜语

像人浑身长满毛,爱吃果子爱吃桃。

住在树林和山坳,表演节目逗人笑。

(谜底:猴子)

活动 8 参观葡萄园(大班)

 活动目标

1. 初步了解葡萄的生长环境。

2. 知道葡萄是江心洲特产,能说出 3~4 个葡萄品种。

3. 激发热爱家乡的情感。

 活动准备

1. 事先联系好所参观的葡萄园。
2. 洗好的葡萄:藤稔、巨玫瑰、峰后。

 活动过程

1. 带领幼儿到葡萄园,引导幼儿观察。

★ 教师:谁知道这是什么地方? 你家有葡萄园吗? 是什么样子的?

2. 引导幼儿观察葡萄的生长环境。

★ 教师:(指着大棚)这是什么? 看上去像什么? 为什么葡萄要生活在大棚里?(让幼儿走进大棚)

★ 教师:请你们找找葡萄躲在哪儿。为什么葡萄要躲在白颜色的纸袋里呢?

★ 教师:你还发现葡萄园里有什么?(指着黑管子)这些黑管子上都有什么? 谁知道它是用来干什么的?

★ **教师小结**:这里是葡萄园,葡萄生活在大棚里面,可以防止雨淋,防止空气中的病菌传染,增加甜度;每一串葡萄都用白色纸袋套着,主要是不让葡萄接触到农药,防止虫子和小鸟吃,有效地防止葡萄裂果;在每排葡萄苗的根部都有一根黑色的管子,这些管子上每隔一段距离就有一两个小孔,每当这些小孔滴水的时候,旁边的葡萄树就能"喝"上从孔中流出的水,葡萄就会长得就又快又好。

3. 通过看、摸、尝,师幼共同交流讨论葡萄的基本特征和品种。

★ 教师:这里有许多洗好的葡萄,请你们看一看、摸一摸、尝一尝,互相说说葡萄是什么样子的,摸上去什么感觉,是什么味道的。猜猜它们是什么品种的葡萄。你们家还有哪些品种的葡萄? 你最喜欢吃什么葡萄? 为什么?

★ **教师小结**:藤稔葡萄果实大,圆锥形,果皮紫黑色,果皮厚,肉多,味酸甜;巨玫瑰葡萄椭圆形,果皮紫红色,肉软,多汁,果肉与种子容易分离,有玫瑰香味;峰后也是圆锥形,果皮紫红色,果肉较硬,有点草莓味,很甜。这里还有京亚、金手指、香妃、维多利亚等 130 个品种的葡萄。

4. 探讨葡萄用途。

★ 教师:你们知道为什么要种葡萄吗? 葡萄有哪些用途呢?(葡萄可以酿酒,做葡萄汁、葡萄干、葡萄籽油等)

5. 知识迁移,激发幼儿热爱家乡的情感。

★ 教师:江心洲除了种植葡萄,还种植哪些水果? 生活在江心洲你觉得幸福吗?

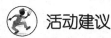 **活动建议**

★ 利用区角进行剪贴葡萄、画葡萄活动;手工活动:葡萄枝相框。

南京市江心洲中心幼儿园:李娟

指导教师:谢金莲

活动 9 黄色的蒲公英(大班)

 活动目标

1. 观察蒲公英的花和种子,了解蒲公英的生长过程,探索种子传播的奥妙。
2. 激发探索植物的兴趣。

 活动准备

有蒲公英生长的田埂或草地。

 活动过程

1. 带幼儿到田野草地,引导幼儿观察。

★ 教师:春天来了,许多花儿都开了,我们去田野里看看,你们发现什么了? 有一种黄黄的小花,它们在向我们问好呢! 你们去找一找。

2. 引导幼儿寻找、观察蒲公英。

★ 教师:谁能告诉我,它叫什么?
(幼儿围着长有蒲公英的草坪坐下)

★ 教师:谁能和小朋友说一说你的发现?(引导幼儿从花的颜色、形状、茎、叶子等方面总结)

★ **教师小结**:春天的时候,蒲公英贴着地长起来。它的茎很短,叶子呈绿色,边缘就像齿轮。过了一段时间后,绿色的茎慢慢长高、长粗,在茎的顶端开出一朵朵漂亮的黄色小花。

3. 引导幼儿寻找有种子的蒲公英。

★ 教师:你们在草地上还看到什么了吗? 它是什么样的?

4. 教师出示结满种子的蒲公英,引导幼儿观察、讨论。

★ **教师小结**:蒲公英的花朵凋谢后,花蒂处则长出像冬天的滑雪帽上的绒球一样的东西来,有白色的、粉色的,很好看。这就是蒲公英的种子,当风吹来的时候,蒲公英的种子就会被吹到空中,随风飘散,落到哪里,第二年春天就会在哪里长出新的蒲公英。这种传播方式叫做风传播。

5. 幼儿将有种子的蒲公英吹向天空,并自由交流。

★ 教师:蒲公英的种子像什么? 蒲公英有什么用处呢?

★ **教师小结**:蒲公英除了有美丽的外表,还有丰富的营养价值,可生吃、炒食、做汤,是药食兼用的植物。

 活动建议

★ 学唱歌曲《蒲公英》。

【附】歌曲《蒲公英》

蒲 公 英

胡敦骅 词
方 翔 曲

1＝G 2/4

♩＝118

$(\underline{\dot{5}}\ \dot{6}\ \dot{6}\ |\ \underline{2}\ 3\ 3\ |\ 5\ \quad\ 3\ |\ 3\ -\ |\ \underline{3\ 2\ 3}\ \underline{2\ 3}\ |\ 5\ 3\ 0\ 3\ |$

$5\ \underline{\dot{5}}\ \dot{6}\ |\ \dot{6}\ 0\ )\ |\ \underline{2}\ 3\ 3\ |\ \underline{3\ \dot{6}}\ \underline{2\ 3}\ |\ 3\ -\ |\ \underline{5}\ 3\ 3\ |$

蒲公英, 抱 成 团, 做 梦

3̲6̲ 3̲2̲ | 2 - | 3̲6̲ 6̲3̲ | 6̲·1̲ 1 | 6̲3̲ 3̲6̲ | 3̲2̲ 2 ‖

也 想　飞 上　天。　　我 来 帮 你　吹 口 气，　散 开 变 成　降 落 伞。

3·　2̲ | 3̲ 5̲3̲ | 2̲3̲ 5̲3̲ | 3 - | 3̲ 6̲· | 3 2 |

降　　落 伞，　　飞　 得　　远，　　外 面　　世 界

3̲6̲ 3̲2̲ | 2 - | 6̲3̲ 3̲6̲ | 1̲1̲ 3̲· | 3̲5̲ 5̲1̲ | 2̲2̲ 6̲· ‖

真　新　鲜。　　这 里 那 里　不 肯 落，　飘 来 飘 去　真 好 玩。

6̲· 2̲ 3̲ | 5　3̲ | 3 - | 3 - | 5̲3̲ 3̲3̲ | 5̲ 5̲·6̲ | 6̲· 0 ‖

飘 来　飘　去，　　　飘 来 飘 去 真 好　玩。

3 - | 5̲ 3̲ | 5̲ 6̲ 6̲ | 6 - | 5̲3̲ 3̲3̲ | 5̲·6̲ | 6̲· 0 ‖

哦　　飘 来 飘　　去，　飘 来 飘 去 真 好　玩。

南京双闸中心小学附属幼儿园：黄洋

指导教师：赵明霞

活动 *10* 种西瓜（中班系列活动）

系列活动1：栽种西瓜籽

 活动目标

1. 了解种植的一般步骤，获得运用简单劳动工具种植西瓜的经验。

2. 乐意参加西瓜种植活动，能与同伴交流自己的种植过程和体验，感受种植活动的快乐。

活动准备

1. **知识经验准备**：组织幼儿参观西瓜基地。
2. **物质准备**：
   （1）西瓜籽。
   （2）种植工具：盛好水的水桶，小铲子、浇水用的杯子、自制洒水壶若干。
   （3）事先整理好的空地。

 活动过程

1. 谈话引入，激发幼儿种植西瓜的兴趣。

★ 教师：你们喜欢吃西瓜吗？为什么？今天我们就来学种西瓜。（教师出示西瓜种子）这是什么？它是什么种子？

★ 教师：你们会种西瓜吗？种植西瓜还需要什么呢？（介绍种植工具）

★ 教师：种植西瓜，还需要注意哪些问题？（使用工具要注意安全，到西瓜地后要沿着田埂走）

2. 组织幼儿到西瓜基地种植西瓜。

★ 教师：我们有了工具、种子，要怎样种，西瓜才能长得好呢？（幼儿讨论种植的距离、深浅）

★ 教师：谁愿意来试一试？（请一幼儿示范）

★ 引导幼儿观察种植的步骤。

★ 教师与幼儿共同讨论小结种植步骤：挖洞→放种子（2～3 颗）→盖土→浇水。

★ 幼儿种植，教师指导。

3. 引导幼儿讨论如何进行管理。

★ 教师：西瓜已经种好了，以后我们还要怎么做才能让它长得更好呢？（给西瓜浇水、除草、施肥等）

★ 收拾工具，回教室。

 活动建议

★ 引导幼儿利用晨间劳动、散步等日常活动时间观察西瓜的生长变化。

系列活动 2：西瓜丰收了

 活动目标

1. 掌握简单的分辨西瓜是否成熟的方法，尝试采摘西瓜的不同方法。
2. 乐意与同伴合作，体验收获的快乐。

 活动准备

1. 知识经验准备：组织幼儿参观西瓜基地。
2. 物质准备：
   （1）西瓜成熟的西瓜地。
   （2）剪刀、水果刀、擦手巾等工具。

 活动过程

1. 谈话引入，激发幼儿收获西瓜的兴趣。

★ 教师：小朋友们，你们种的西瓜现在已经长大了，我们一起去看看吧。

2. 组织幼儿到西瓜基地摘西瓜。

★ 教师：它们有没有成熟呢？要怎样才能知道呢？（介绍辨认西瓜是否成熟的方法：用手轻轻地敲击，发出清脆的响声。）

★ 教师：你们会摘西瓜吗？怎么摘？（幼儿讨论）

★ **教师小结**：先要找到成熟的西瓜，拨开西瓜藤，用剪刀剪断瓜藤，抱西瓜时注意不要踩着其他西瓜。

★ 幼儿尝试选择、摘西瓜。

★ 教师：你们用了什么方法摘的西瓜？（幼儿交流经验）

★ **教师小结**：是的，西瓜又大又圆又重，一个人很难摘下它，小朋友们只有合作才能摘下大西瓜。

★ 教师：有的西瓜太大，我们怎么运回去呢？（引导幼儿合作搬运）

3. 搬运西瓜回教室分享。

★ 幼儿合作搬运西瓜回教室。

★ 引导幼儿自由讨论分工：清洗、品尝西瓜，共享种植成果，分享快乐。

图 10-1 种西瓜秧

图 10-2 西瓜丰收喽

南京双闸中心小学附属幼儿园：赵明霞

指导教师：刘定秀

活动 *11* 我们的朋友——羊（中班系列活动）

系列活动 1：可爱的羊宝宝

 活动目标

1. 初步观察羊，感觉羊的可爱，产生探索羊的兴趣。
2. 发现羊的外形特征，观察羊的生活习性并用语言进行表达。

 活动准备

1. 教师知识储备：了解羊的特征。
2. 实物羊。

活动过程

1. **教师引出话题提问,激发探索的兴趣。**

   ★ 教师:你们看到过羊吗? 在哪里看到过?

2. **认识羊的外形特征和种类。**

   ★ 教师:今天老师就带你们到幼儿园的饲养角去看一看,羊是什么样子。
   请你把看到的告诉大家。

   ★ 教师:它头上有什么? 身上有什么? 身体的下面有什么? 它们有什么
   不一样?(引导幼儿观察大羊和小羊的角、外形等特征)

   ★ **教师小结:**羊头上有两只角、一双眼睛、两只耳朵、一张嘴巴、一个鼻
   子。羊身上长着柔软的毛,身体下面有四条腿,身体后面有一个小
   尾巴。

   ★ 教师:你们喜欢羊宝宝吗? 有三只羊,你最喜欢谁? 为什么?

3. **帮助幼儿了解羊的生活习性和功用。**

   ★ 教师:羊喜欢吃什么?(吃草)羊的嘴为什么一直在咀嚼东西?

   ★ 向幼儿介绍反刍现象:羊吃草时先将草吞到胃里,休息时,再将草吐到
   嘴里咀嚼,到胃里消化,吸收营养。

4. **教育幼儿爱护羊。**

   ★ 教师:你们喜欢这三只羊吗? 喜欢哪一只? 怎么爱护它们呢? 你们喜
   欢羊,那我们就给可爱的羊宝宝起个名字吧!(幼儿讨论)

   ★ **教师小结:**羊是人们的好朋友,它们勤劳,吃的是草,挤出的是奶。我们
   应该好好爱护它们。

系列活动 2:羊爱吃什么

 活动目标

1. 能与同伴交流羊爱吃什么食物,了解羊进食的特点。

2. 通过观察、比较的方法,知道羊最爱吃什么样的食物。

3. 有关心爱护小动物的积极情感。

活动准备

幼儿园饲养的三只羊、幼儿收集来的各种食物（草、胡萝卜、黄瓜等）。

 活动过程

1. 教师提出问题，引出谈话内容。

★ 教师：幼儿园饲养角有三只羊，你能分别给我们介绍一下吗？

2. 讨论"羊爱吃什么"。

★ 教师：小朋友，你知道羊爱吃什么吗？

3. 引导幼儿记录下自己的猜想。

4. 实验活动"喂羊吃食物"。

★ 教师：今天，小朋友们带来了各种各样的食物，有草、胡萝卜、黄瓜等，准备喂给小羊吃，等会儿，你拿你的食物去喂喂小羊，看看羊到底爱吃什么。羊妈妈和羊宝宝爱吃的食物一样吗？然后把你的发现记录下来，看看和你之前的猜想一样不一样。

5. 师幼再次讨论"羊爱吃什么"。

★ 教师：你们知道羊最喜欢吃什么吗？你是怎么知道的？你们喂给羊的食品它们都喜欢吃吗？为什么？

★ 找出羊妈妈和羊宝宝爱吃的食物。

★ **教师小结：**羊一般生活在草原上，最喜欢吃嫩绿的青草，羊吃了草就慢慢长大。羊妈妈、小羊都爱吃草，刚出生的小羊吃妈妈的奶。

 活动建议

★ 平时利用散步时间到饲养角观察、喂养羊，了解羊的生长过程。

★ 幼儿调查"羊有什么用"，讨论或展示羊制品（羊皮鞋、羊毛帽、羊绒衫、羊毛被等）。

羊儿吃什么

图 11－1　"小羊，请你吃黄瓜和胡萝卜！""咩咩！我不吃！"

图 11－2　"小羊，请你吃青草！"小黑羊说："谢谢，我喜欢吃青草！"

图 11－3　"咩咩，妈妈，我要喝奶！""咩咩咩！宝宝，来吧，快来喝奶！"

南京市建邺区回民幼儿园：陈凌卉、王芳、郝新媛

指导教师：刘定秀

活动 *12* 春蚕(中班系列活动)

系列活动1:饲养蚕宝宝

 活动目标

1. 喜爱养蚕,初步了解蚕宝宝的生活习性、生长过程及喂养方法。
2. 乐意收集蚕宝宝的食物并主动照料蚕宝宝。
3. 能够积极参与讨论,发表自己的意见。

 活动准备

1. 小蚕籽若干。
2. 师幼共同收集有关蚕宝宝的资料。

 活动过程

1. **教师引导幼儿交流有关蚕宝宝的知识,引发幼儿兴趣。**

★ 教师(出示蚕籽):这是什么? 你是怎么知道的? 小蚕籽是怎样长大的?

★ 教师:小朋友收集了许多关于蚕宝宝的知识,谁愿意来介绍一下? (引导幼儿大胆介绍并展示自己收集的相关资料)

2. **师幼共同讨论蚕宝宝的喂养方法。**

★ 幼儿根据自己收集的资料进行介绍,教师用图示在黑板上记录。

★ 教师:蚕宝宝可以吃些什么呢? 怎样喂养蚕宝宝呢? 摘来的桑叶可以直接喂食吗? (引导幼儿发表各自的意见并展开讨论)

★ 教师:我们把蚕宝宝放在什么地方养呢? 还要注意些什么呢? (引导幼儿说出要注意卫生)

3. **师幼讨论照料蚕宝宝的方法。**

★ 教师:养蚕宝宝要给它找吃的并喂它吃,还要注意卫生,这些事情由谁来做呢? 是大家一起去做吗?

★ 教师引导幼儿通过讨论、协商,分组定时照料蚕宝宝。

活动建议

★ **教学变式**:活动过程1可以让幼儿做关于蚕宝宝的相关调查,然后进行讨论,如"蚕宝宝是什么样子的?它吃什么?它喜欢生活在哪里?"等。

★ **活动延伸**:带领幼儿认识并学会辨识桑叶。教师督促幼儿做好蚕宝宝的日常照料工作,鼓励幼儿对蚕宝宝做连续的观察记录,发现蚕宝宝的生长变化。

★ **环境创设**:布置"蚕宝宝资料展"并及时展示幼儿对蚕宝宝的观察记录单。

★ **家园共育**:家长帮助幼儿采摘桑叶喂养蚕宝宝。

系列活动 2:蚕的一生

 活动目标

1. 能通过讨论交流自己喂养蚕宝宝的经历和感受,对蚕宝宝的生长、活动过程有初步的认识。

2. 学习做观察记录,能够借助观察记录,较清楚地表达自己的观察结果。

3. 对喂养活动感兴趣,爱护小动物,体验收获的快乐。

 活动准备

1. 幼儿喂养蚕宝宝并连续观察、记录蚕宝宝的生长过程。

2. 教学挂图:《蚕的一生》。

3. 幼儿记录单。

 活动过程

1. **出示蚕宝宝产的卵,引发幼儿讨论的兴趣。**

★ 教师:这是什么? 从哪里来的?

2. **出示教学挂图《蚕的一生》,教师引导幼儿交流蚕宝宝的生长变化。**

★ 教师:蚕宝宝刚孵出时是什么样子的?

★ 教师:后来蚕宝宝是怎样长大的? 它吃什么? 是怎样吃的? 蚕宝宝是

怎样爬的？它有多少条腿？蚕宝宝长大时有什么变化？（引导幼儿根据自己的观察进行记录并介绍和相互讨论）

★ 教师：蚕宝宝长大后会怎样？蜕了几次皮？蚕宝宝从孵出来到吐丝一共生长了多少天？

★ 教师：它是怎样吐丝的？结的茧子是什么样子的？它在茧子里一共生活了多少天？最后它变成了什么？你还发现蚕宝宝有哪些有趣的事情？

3. **教师引导幼儿交流各自的喂养经历，体验收获的快乐。**

★ 教师：蚕宝宝到我们班和我们做朋友后，你为它做了哪些事情？你是怎样做的？为什么要这样做？

★ 教师：当你为它做这些事情时，你是怎样想的？

★ 教师：当你看见蚕宝宝产的卵时又是怎样想的？

4. **请幼儿用身体动作表现蚕宝宝的生长、活动过程。**

★ 教师：请小朋友以小组为单位，用表演的形式来表现蚕宝宝生长、活动的过程，看哪组小朋友合作得好，表演的内容丰富。

★ 请幼儿先商量，再进行表演，鼓励幼儿大胆用身体动作进行表现。

 活动建议

★ **活动延伸**：将蚕宝宝产的卵分发给幼儿保管，请幼儿明年春天再孵。还可给幼儿观看丝绸织品，引导幼儿认识蚕丝的作用，如举办丝织品展览会。

★ **区角活动**：让幼儿在图书角阅读有关蚕宝宝的书，制作蚕宝宝生长、活动过程介绍图。

★ **环境创设**：在活动室展示幼儿观察蚕宝宝的记录及收集的关于蚕宝宝的资料片。可将教学挂图《蚕的一生》张贴在活动室墙面上供幼儿进一步认识。

★ **家园共育**：帮助幼儿将发放的蚕宝宝的卵收放好。

★ **领域渗透**：结合艺术领域的活动，鼓励幼儿用绘画的形式表现蚕的生长过程。

【附表】

表 12－1　"蚕的一生"记录表

班级：_____　　　　姓名：_____

时间	时间	时间	时间
我的发现	我的发现	我的发现	我的发现

活动 *13*　江中之宝——江鲶（中班）

 活动目标

1. 通过有序的观察、讨论、触摸等方式进一步感知江鲶的基本特征及生活习性，知道江鲶是长江中的水特产。
2. 积极参与活动，体验探索的乐趣。

 活动准备

江鲶、盆、线手套。

 活动过程

1. **引导幼儿观察江鲶，了解江鲶的外形特征。**

★ 教师：这是什么？仔细看看江鲶是什么样子的？它有什么？

★ 幼儿交流自己的发现。

2. **引导幼儿有序地观察江鲶，了解江鲶的基本结构。**

★ 提出观察要求，引导幼儿有序观察。

教师：江鲶的头是什么样子的？头上有什么？身体是什么样子的？什

么颜色？背上有什么？尾巴是什么样子的？

★ **教师小结**：鲶鱼头扁，嘴巴宽阔，上有须两对，背部是黑色的，无鳞，背上有鳍，背鳍小，臀鳍与尾鳍相连，尾巴圆而短，不分叉。

3. **幼儿合作抓捉江鲶，感知江鲶黏滑的特点。**

★ 幼儿尝试徒手捉江鲶。

★ 教师：江鲶为什么难捉？滑滑的、黏黏的是什么？（江鲶身体表面有黏液）

★ 尝试两人合作用手套捉江鲶，发现粗糙材料易捉江鲶的现象。

4. **引导幼儿观察江鲶的后腹部。**

★ 教师：刚才小朋友捉住了江鲶，请小朋友再次合作捉江鲶，再看看江鲶的后腹部有什么。（后腹部上有排便的器官）

5. **了解江鲶的主要生活习性。**

★ 教师：你们知道江鲶生活在哪里？喜欢吃什么？（江鲶生活在长江之中，喜欢吃小鱼、贝类、蛙等）

★ 教师：江鲶是长江中的宝贝之一，大家都喜欢吃江鲶，它的味道很鲜美。你还知道长江中有哪些动物宝贝？

 活动建议

★ 通过亲子活动、查阅资料等方式引导幼儿进一步探索长江中还有哪些宝贝，如江龟、江虾、江豚等。

南京市江心洲中心幼儿园：倪寿琴

指导教师：王芳

活动 14　慢慢爬的蜗牛（中班）

 活动目标

1. 通过观察，探索蜗牛的奥秘并能用语言表达和交流自己的发现。

2. 发展观察能力和探索兴趣。

活动准备

1. 雨后的草地。
2. 纱布、空瓶。

 活动过程

1. 带幼儿捉蜗牛。

★ 教师带幼儿到幼儿园周围潮湿地捉蜗牛,引导幼儿观察蜗牛喜欢住在什么地方。

★ 教师:你是在哪儿捉到蜗牛的?(在阴暗、潮湿的地方)它在干什么?(慢慢地爬)

2. 引导幼儿采用多种方法观察蜗牛。

★ 教师:你们看,蜗牛是什么样的?(让幼儿观察)你发现了什么?看看蜗牛的头长在哪里?头上有些什么?身体长得怎么样?蜗牛喜欢躲在哪里?蜗牛是怎么爬的?

★ 让幼儿用放大镜观察蜗牛的外形,说出其特征。

★ 让幼儿用手触摸蜗牛的身体和壳,轻触蜗牛的"角",看蜗牛有何反应。

★ 让幼儿将蜗牛分别放在塑料板、木板和玻璃板上爬行,观察留下了什么,为什么?(因为它的身体会分泌黏液)

★ 教师小结:蜗牛身上背着一个漂亮的壳,把它的身体躲在壳里,头上有两对触角,眼睛长在后一对触角顶上,还有一只软软、扁平的脚。它的身体会分泌黏液。

3. 游戏:蜗牛赛跑。

★ 每个幼儿选取自己的"最佳选手"参赛,看哪个蜗牛获得冠军,从而观察蜗牛的爬行方式。

 活动建议

★ 班级饲养蜗牛,引导幼儿在日常生活中探索发现蜗牛的奥秘。

南京双闸中心小学附属幼儿园:赵明霞、黄洋

指导教师:刘定秀

137

活动 15 长长的海带（小·班）

 活动目标

1. 通过感知活动，知道海带的名称和主要特征。
2. 通过品尝海带，知道海带能做成多种菜肴，爱吃海带。

 活动准备

1. 干、湿海带若干条、几种海带菜肴。
2. 分组教学，每组 15 人。

 活动过程

★ 教师：你们看看桌上放的是什么？

★ 幼儿：是长长的一条草。

是上面有白粉的东西。

是一根好长的海带。

★ 教师：海带是什么样子的？ 像什么？

★ 幼儿：海带是长长的。

桌上放的海带上面有点白粉是盐。

海带是长长的，绿绿的。

海带像长绳子。

像裤带。

像老师的长头发。

像纱巾，像大象的鼻子，长长的。

像女孩子扎辫子用的绿绸子。

像妈妈穿的长袜子。

像解放军叔叔衣服的颜色。

像海军帽子上的飘带。

像小河里的水草。

像爸爸的领带。

★ 教师：小朋友再看看这条海带（出示湿海带）和刚才的海带一样吗？

★ 幼儿:不一样。

★ 教师:什么地方不一样?

★ 幼儿:这个海带是宽宽的,湿湿的。

　　是亮亮的,滑滑的。

　　这条海带上没有白粉。

　　这根海带短。

　　这根海带和刚才的不一样,它有点卷边。

★ 教师:这根海带和刚才的那根有什么不一样?

★ 幼儿:刚才那根海带没有水,这根海带有水。

　　这根海带放在水里泡的,是湿海带。

★ 教师:如果把这条海带放在水里,会变吗?(把海带浸入水中)哪个小朋友知道海带长在哪儿?

★ 幼儿:海带长在树上。

　　海带长在地上。

　　海带长在海里。

★ 教师:对了,海带是长在海里的,老师这儿有一张海带的图片,小朋友看看海带长在海里是什么样子的?

　　你吃过海带吗? 这里有几盆用海带做的菜。(凉拌海带、海带炒鸡蛋、萝卜海带汤)小朋友尝尝看,海带好吃不好吃。

★ 幼儿:海带好吃,海带汤味道很鲜。

　　海带吃到嘴里滑滑的、凉凉的。

　　海带吃到嘴里有声音。

　　凉拌的海带酸酸的、甜甜的、凉凉的,吃到嘴里很舒服。

★ 教师:吃海带有什么好处?

★ 幼儿:海带有营养,里面有海里的营养。

　　我妈妈告诉我,多吃海带就不生那种脖子大的病。

★ 教师:海带好吃,又能治病,小朋友可要多吃。

　　现在我们来看看泡在水里的海带是什么样的。

★ 幼儿:海带变了,本来那根海带是细细的,现在那根海带变粗了。

　　原来的海带没有一弯一弯的边,现在的海带有了。

　　海带摸在手上是滑滑的。

　　泡在水里的海带变颜色了。

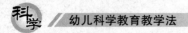

脸盆里的水也变颜色了。

海带上白的盐没有了。

★ 教师：海带泡在水里，真有趣，现在老师把海带放在自然角里，你们可以随时去看看。

（二） 物理方面

活动 16 奇妙的力（大班）

 活动目标

1. 通过室内外的各种操作活动,感受、发现力的大小、方向与物体运动的关系。
2. 注意观察周围的物理现象,培养探索科学的兴趣,发展运动感觉。

 活动准备

1. 沙袋、积木、纸盒、乒乓球等。
2. 分组活动,每组 15～20 人。

 活动过程

★ 教师:现在请你们选拿自己需要的物体,可以想各种办法让这些东西动,仔细看看它们向哪边动,什么原因使它会向那边动,可以多试几次。让幼儿在操作探索中感受、发现向哪边用力,物体就会往哪个方向动。

★ 教师:现在请你们讨论讨论,你刚才是怎样做的,东西向哪边动,怎么会往那边动的。
幼儿谈各自的感受和发现,教师可根据幼儿的讨论,酌情请幼儿操作给大家看,并做解释。

★ 教师:你们刚才说,往哪一方向用力,东西就往那边动,是这样吗?现在请你们到室外去做做看。
有了更广阔的空间,让幼儿展开活动,幼儿十分高兴。

★ 教师:你们发现与在活动室里做的一样,往哪边用力,东西就往哪边动,在你们用力的时候,你们还感到什么了吗?(有的滚得远,有的滚得近)现在你们可以用各种动作使东西动,看看有什么感觉。

请你们说说你在活动时有什么感觉。你发现了什么?(幼儿感觉用力推,物体就跑得远,用力踢就滚得远;用劲向上扔沙袋就抛得高;轻轻地推,用力小,物体就滚得不远,扔得不高)

★ 教师:你们的感觉都对,在我们用力大的时候,物体跑得远,扔得高;我们用力小的时候,物体就跑得近,扔得就不高。你们还有什么问题吗?可以说说。

★ 教师:你们如果有兴趣,平时在家里还可以继续探索。

活动 17 会滚的轮子(大班)

 活动目标

1. 通过观察、测量等操作活动,了解我们周围的世界有各种轮子。它们大小不同,所用的材料各异,但都有相同的形状(圆形),使得轮子能滚动,并能使物体移动。
2. 学习测量技能,发展观察、操作能力,扩展思路,培养探索科学的兴趣。

 活动准备

1. 请每个幼儿带一个轮子或有轮子的玩具。
2. 教师准备有轮子和缺一个或两个轮子的玩具几个,短绳子若干条。
3. 小组或全班,室内或室外活动。

 活动过程

★ 教师:请你们把带来的轮子或玩具在桌上或地上移动,然后告诉我,是什么使你们的玩具移动的。(轮子)
★ 教师:请你们观察一下轮子是什么样的,它是用什么材料做成的?
允许幼儿相互观察玩具。

★ 教师：你们还可以用小绳子量量它有多长。

教师示范用绳子量轮子的直径和轴长，讲述量的方法，允许幼儿相互测量玩具。

★ 教师小结：有的轮子大，有的轮子小，它们的大小不一样。有的是用塑料做的，有的用木头，有的用铁，有的用橡胶做的，它们的材料都不一样，但它们的形状是相同的，都是圆形的。

★ 教师：你们想过吗，为什么轮子都是圆形的呢？

现在你们可以再玩玩，观察你的玩具，或者拿一个其他形状的东西来玩玩，比较比较，有什么感觉，有什么发现，请告诉大家，为什么轮子是圆形的。

★ 教师小结：圆形的轮子能滚动，长的、方的积木不会滚动，有轮子的玩具移动省力。

★ 教师：你们在幼儿园里、街上、家里还看到过哪些东西有轮子？

如果这些东西没有轮子将会怎么样？轮子坏了又会怎么样？

教师拿出缺少一个或两个轮子的玩具，请幼儿试着玩，感受轮子的作用。

★ 教师：请你们在幼儿园的活动室里、院子里、马路上、家里、百货公司里……各个地方观察观察有轮子的车子、机器……它们是怎样工作的？以后请你们再来讨论。

活动 18　怎样让热水变冷（大班）

 活动目标

1. 知道有很多方法可以使热水变冷，探究热水变冷水的秘密。
2. 能持续地观察并记录温度计的变化。
3. 乐意在活动中提出自己的设想，并通过实验加以验证。

 活动准备

1. 实验材料：水温表，热水 2 瓶，冷水 1 桶，冰块若干块，电风扇 1 只，烧杯，扇子 1~2 把,干毛巾若干条,大、小水桶各 1 只,大、小脸盆各 1 只等。

2. 幼儿认识并会使用水温表。

3. 幼儿实验记录纸人手 1 份、笔、集体记录纸 1 张。

4. 每组人数为 10 或 12 人,分 3 组完成教学内容。

 活动过程

1. 提出问题。

★ 教师:这里有一杯水,如果想知道这杯水现在有几度,该怎么办呢?

幼儿:用水温表测量一下就知道了。

请幼儿测量并记录水温。

幼儿分别围在教师的身边观察水温表测量水温。(幼儿边观察边说:要等红线不上升了,才是这杯水的温度)

教师把幼儿测的水温记在板上。(69 ℃)

★ 教师:你有什么好办法让热水变冷呢?

2. 设计方案。

★ 教师:小朋友们想到了很多办法,请大家把自己想到的方法记在表格中。

幼儿记录自己的设想、方法。(每位幼儿都画出自己想到的方法)

★ 教师:请大家来介绍一下自己的办法。

教师把幼儿想到的方法一一画在集体记录纸上,并对幼儿想到的方法归类。

全组幼儿共提出九种方法	用嘴吹,用电风扇、用扇子、空调吹,自然凉,放入冰箱,加冰块,加冷水,两杯互倒热水,把热水杯放到冷水槽中
提出方法最多的几位幼儿	
幼儿集中想到的几种方法	

3. 进行实验。

★ 教师:小朋友想出了好几种方法让热水冷下来,这些方法是不是可以让热水冷下来呢?怎样证明这些方法有用呢?(幼儿提出试一试)

★ 幼儿两两自由结为一组,商量用哪一种方法来实验。

★ 幼儿实验,老师观察实验情况。

教师:在记录实验情况时,要先记录你用的是什么方法,然后再记录你们是怎样实验的、在实验中发现了什么现象。要注意安全,正确使用各种材料。

实验实录:

大家两人一组取自己需要的材料,到实验台上进行实验。有的幼儿取了冷水就往热水里加,有的幼儿拿起扇子就扇热水,有的幼儿把热水杯放进冰箱等。教师观察幼儿的操作。

加冷水的幼儿兴奋地说:我们的热水变冷了!(许多幼儿围过来)

教师:你们用什么方法让热水变冷的?

幼儿:我们往热水里加了冷水。

教师:你们怎么知道水变冷了?

幼儿:我们用手摸的,发现比刚才冷。

教师:你们怎样让别人知道这杯水的水温确实发生变化了呢?

幼儿:用水温表测量一下。

教师:怎样测量才能看出水温发生了变化?

幼儿:先量热水的水温,再量加了冷水的水温。

教师:这个方法好吗?(幼儿都同意)

教师:刚才谁用了这个方法?(幼儿都摇头)

教师:大家想一想,你们刚才做的实验方法对不对。大家再去做一做,需要什么可以向老师提出来。

幼儿两两回到自己的实验台边,都把杯中的水倒掉,教师又给幼儿倒了热水。这次,每组有一位幼儿拿了水温表先测量热水的温度,并把热水的温度记下来,然后用不同的方法让热水变冷。

4. 交流讨论。

★ 师生共同讨论实验。

教师:你们是怎样做实验的? 你们的实验成功了吗? 实验中发现了什么现象?

幼儿介绍自己实验的情况。

★ 讨论实录:

教师:你们用的是什么方法?

幼儿:我们用嘴吹。

教师:水温发生变化了吗?

幼儿：我们先量了热水，温度是 69 ℃，用嘴吹了很长时间，现在水的温度是 53 ℃。我们的这杯水变冷了。

教师：为什么你的记录纸上有一排数字？69、63、57、55、54、53。

幼儿：我们用嘴吹一段时间，就用水温表量一下，再吹、再量，所以有许多的数字。

教师：通过这些数字，能发现什么？

幼儿：发现水的温度越来越低了。

教师：为什么用这些方法热水会变冷？

幼儿：加冷水，冷水和热水混在一起，热水就变冷了。

放在冰箱里，冰箱里的冷气让热水变冷了，等等。

小结：当热水和比它冷的东西在一起时，热水就会变冷。

5. 幼儿可以再次实验。

★ 教师：刚才，小朋友们分别用了一种方法来让热水变冷，如果你还想用其他方法让热水变冷，可以再去做个实验，试一试。

 ## 活动建议

★ 每次活动人数不要多，最好是双数，如：8、10、12、14。幼儿可以两两合作，便于教师观察幼儿的实验情况，也有利于材料的准备。

★ 教师要考虑到幼儿可能会想到的方法，由此来准备实验材料，集中放在一个台上，供幼儿选择。

 ## 活动评价

★ 这个活动源自幼儿的生活。一天，幼儿活动后喝水，由于天热，幼儿需水量大，冷开水喝完了，教师又加了热水到壶中，幼儿边吹着热水边说：这水太烫了，冷一点就好了！教师听到幼儿的议论，立即想到：能否把"怎样让热水变冷"这个话题在"做中学"活动中研究呢？所以，不论从幼儿活动的兴趣，还是在活动中思维的活跃程度都可以看出活动内容的选择、定位都符合这个年龄阶段的幼儿，所以这个活动是成功的。

★ 活动中，教师充分放手鼓励幼儿大胆地去猜测、实验，面对三个小组、不同的幼儿，教师不是想当然地设计好活动计划，而是随时调整活动设计，以让每位幼儿都能按照自己的设想来实验。

★ 教师在活动指导中，不仅仅重视实验的结果，更加注重实验过程。面对幼儿的错误,教师耐心地启发引导,不把自己的想法强加给幼儿,而是让幼儿自己发现问题、解决问题,提高了幼儿分析、思考、解决问题的能力。

★ 幼儿在实验活动中,和同伴为了一个目标,共同协商,如,用哪个方法实验、实验中先怎样做、再怎样做、你做什么、我做什么等等,培养了幼儿的合作精神,提高了幼儿的合作能力,为幼儿以后参加更多的合作活动打下基础。

★ 在活动中,教师把每位幼儿都当作"小小科学家",幼儿的操作活动都是在做实验,这样,幼儿在潜意识中也认为自己是"科学家"。在实验中,他们能认真地商量、实验、做记录,一丝不苟。如,面对各种方法,幼儿实验时非常专注,一直观察、研究自己小组的实验,目标不转移、注意力不分散,一次一次地观察、记录,很好地培养了幼儿坚持、专注等科学的学习态度。

南京市实验幼儿园:张放

活动 19 磁铁的奥秘(中班)

 ## 活动目标

1. 通过探索活动,发现磁铁只能吸住铁做的物体的特性,培养探索的兴趣。
2. 学习词语"磁铁",发展语言、观察和思维能力。

 ## 活动准备

1. 每人一盘物体(有磁铁、铁制品、塑料制品、木制品、玻璃制品、布制品等),有意识地布置一下教室,准备一些铁制用具。
2. 分组活动,每组 15～18 人。

 ## 活动过程

★ 教师:你们每人桌上都有一盘东西,现在请你们玩各种东西,看看你能发现什么。

幼儿分别自由玩盘中的东西,也可自由交谈。

★ 教师:现在请你们把发现的事告诉大家。

教幼儿学说"磁铁"。

★ 教师:刚才你们说有的东西能吸起来,有的东西吸不起来,现在请你们再玩玩,把能吸起的放一边,不能吸起的放另一边。

幼儿操作。

★ 教师:请你们说说,哪些东西可以吸起来,哪些东西吸不起来。你们知道为什么磁铁能吸起铁的东西,吸不起其他东西呢? 现在请你们拿起小磁铁到教室其他地方吸吸,看看哪些东西能吸起,哪些吸不起。为什么?

★ **教师小结**:刚才你们能吸起来的东西都是铁做的,吸不起来的就不是铁做的,磁铁吸东西有趣吗? 以后你们还可以到家里玩玩磁铁,看看你家里哪些东西是铁做的。

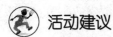 活动建议

★ 集体活动后,建议幼儿玩分类游戏"磁铁吸什么"。

（三）自然现象

活动 *20*　晶莹的露珠（中班）

 活动目标

1. 知道露珠不是从天上掉下来的。
2. 关心、观察接近地面的自然现象。
3. 激发探索自然的兴趣，感受大自然的美，亲近大自然。

 活动准备

1. 选择有花草、树木、蔬菜、砖石的小庭院，幼儿园中的绿化园地，或农村田野。
2. 白纸和画笔。

 活动过程

1. **引导幼儿观察接近地面的自然现象。**

★ 夏季或初秋晴天的早晨带领幼儿散步，观察庭院中的一般自然现象。

★ 教师：你们观察到了什么？介绍给大家。（看到树木、花草）

2. **指导幼儿观察接近地面的自然现象。**

★ 教师：请你们观察一下，小小的花草、菜叶、树叶、地面上有什么？告诉大家。（碧绿的小草上有小水珠，花上有小水珠，小水珠真漂亮，有五颜六色的光）

★ 教师：小水珠你喜欢吗？它像什么？（喜欢，像一粒粒珠珠）

引导幼儿想象、感受美。

3. 引导幼儿探索小水珠。

★ 教师：怎么青草上、小花上、掉在地上的树叶上、石块上会有小水珠呢？

★ 幼儿随意讨论。

★ 教师：它不是天上掉下来的，是接近地面的水汽，碰到凉凉的草、树叶、小花、地面凝结而成的，它的名字叫"露珠"。

★ 教师：你们观察一下，哪里有露珠，哪里没有？

★ 幼儿观察、寻找。（高大的树木上、屋顶上没有露珠，接近地面的草地上、花上有）

★ 再次强调露珠不是天上掉下来的。

★ 教师：今天我们又发现了一个自然现象，小小露珠，它在草上，一亮一亮很漂亮。

 ## 活动建议

1. 此活动适宜暑假后及时进行。

2. 观察下雨时的景象，并与"露珠"现象进行对比，加深理解露珠并不是天上掉下来的。

 ## 活动延伸

1. 绘画：草地上的露珠。

2. 在夏季、初秋的晨间散步时，启发幼儿观察露珠等自然现象。

（四）自然物

活动 21　奇怪的石头（中班）

 活动目标

1. 通过观察和操作活动,发现有多种形状、各种颜色、不同硬度、不同用途的石头。
2. 关心周围的物质世界。
3. 学习简单的分类方法。

 活动准备

1. 堆满石头的场地一块;鹅卵石;各种形状、坚硬、疏松的石头若干,塑料筐 15 只左右。
2. 分组教学:每组 15 人左右。
3. 地点:幼儿园的一个小角落。

 活动过程

★ 教师:小朋友看,这儿有许多许多的石头。请你们捡你最喜欢的石头,装进自己的塑料筐里。等一会儿,你向大家介绍自己捡的石头。
★ 让幼儿分散在场地里,自由地选择石块。教师巡回观察、了解幼儿的采集情况,并且让幼儿说一说他采的石头是什么样子的。
★ 请小朋友在园子的一角坐下。
★ 教师:现在我们每个小朋友都捡了很多的石头,谁来介绍给大家听,让大家都知道你喜欢的石头是什么样子的。

★ 幼儿:我捡了一块淡绿色的石头。

幼儿:我捡了一块灰颜色,用手一捏,是很坚硬的石头。

幼儿:我捡了一块红颜色的雨花石,很光滑、亮亮的,像妈妈戴的项链,所以我最喜欢。

幼儿:我捡了一块怪石,它是蓝色的,看起来像一个在凶狠狠大笑的山魔王。

★ 教师:请你们把石头仔细地看一看、滚一滚、捏一捏、摸一摸、掂一掂,你的手有什么感觉?

★ 幼儿:我看了我筐筐里的石头,觉得它们很丑,一点也没有雨花石漂亮。

幼儿:我用劲捏了捏石头,觉得它很硬,再用点劲捏,觉得手很疼。

幼儿:摸摸雨花石感觉它很滑,再摸摸别的石头,有的地方有一点光滑,有的地方很粗糙、戳手。

幼儿:我把石头在地上滚的时候发现,用劲滚石头就能滚得远一点,不用劲就滚不远。

★ 教师:你们向没人的地方扔一扔石头,看一看石头会不会碎。

幼儿争着去试,看着石头有一点碎了,觉得很惊讶,看着扔了几次都毫不损坏的石头有点洋洋得意,觉得自己的石头最坚硬、最好。

★ 教师:小朋友现在给石头分分类,你可以把轻的石头放在一起,重的石头放在一起,还可以按颜色、形状、硬度、粗糙程度来分。

幼儿互相交流分类情况,有的将雨花石和其他石头分开;有的按颜色分。

★ **教师小结**:石头有的粗糙、有的光滑,有的坚硬、有的疏松,有的重、有的轻,有许多种颜色和许多不同的形状。

★ 教师:谁知道我们幼儿园买那么多石头干什么?(修幼儿园的路)

★ 教师:你还在哪儿看到各种各样的石头? 做什么用的?

教师让幼儿课后思考,并回家观察,然后进行谈话:奇怪的石头究竟能做什么。

（五）环境保护方面

活动 22 制作环保袋（大班亲子活动）

活动目标

1. 初步了解少用塑料袋能减少环境污染的知识。
2. 亲子共做环保袋，增添制作的兴趣和欢乐。
3. 发展动手操作能力和想象力、创造力。

活动准备

1. 有关大量使用塑料制品给环境造成危害的 **VCR**。
2. 制作环保袋的材料。
3. 邀请家长参与。

活动过程

1. 观看录像，了解少用塑料袋能减少环境污染的知识。

2. 师生共同讨论、交流。

★ 教师：你看了录像后有什么感受？（小河里的水太脏了，小鱼都死了。小鱼死了，我看了很难受。这里不漂亮，太脏了）

★ 教师：你们是怎么想的？（有这么多垃圾，我不喜欢这里。这里一定很臭，如果干净些就不会这么臭了）

★ 教师：那怎么办呢？（我们一起来把这些垃圾都放到垃圾箱里。我以后不能乱扔垃圾，还要告诉爷爷奶奶。我们种些小花就会很香了。这里

有这么多塑料袋,我们要少用这些塑料袋)

★ 教师:我们可以不用一次性塑料袋吗? 那可以用什么来代替?(可以,还可以提醒爸爸妈妈也不用。我用我的小书包。我用妈妈的拎包。我用装衣服的小纸袋)

3. 亲子共同制作环保袋。

★ 教师出示一些废旧的衣服、裤子,并提问:我们可以用这些不穿的衣服和裤子来做个小包吗? 可以怎么做呢?(用我的汗衫来做包,上面加上手拎带。用装米的口袋做包。我用颜料在衣服上画上小花,包就漂亮了)

★ 教师:可以用哪些东西来装饰让包更漂亮?(树叶。衣服上的废旧花边。纽扣)(让幼儿大胆想象,充分发挥幼儿的创造性)

★ 家长和孩子共同用废旧材料做环保包。幼儿可以绘画、剪贴,家长可以缝制、裁剪。

4. 展示环保袋。

★ 将制作好的环保袋展示在板上。

★ 颁发创意奖、实用奖、参与奖奖牌,体验制作、成功的快乐。

南京市六一幼儿园供稿

活动 23　垃圾分类(大班)

活动目标

1. 知道垃圾与我们生活的关系及回收垃圾的作用。

2. 尝试按照可回收和不可回收的标准进行垃圾分类。

3. 知道乱扔垃圾会污染环境、危害健康。

活动准备

1. 活动前幼儿完成调查表(见附表)。

2. 幼儿事先制作垃圾桶若干个。分类垃圾桶的照片、白纸卡片等。

活动过程

1. 讨论垃圾与生活的关系。

★ 教师出示垃圾桶，引导幼儿讨论。

★ 教师：这是什么？（指着垃圾桶）它有什么作用？什么是垃圾？

★ 教师：如果我们的周围都是垃圾，生活会变得怎么样，我们应该怎么办？

★ 教师：还有什么好办法可以处理垃圾？

★ 幼儿自由结伴讨论，教师观察幼儿的讨论情况。教师播放教学光盘《垃圾分类》，帮助幼儿进一步认识垃圾与生活的关系。

2. 讨论垃圾的分类。

★ 教师：垃圾有没有用处呢？哪些垃圾有用处？哪些垃圾没有用处？大家一起想一想。（引导幼儿结伴运用调查表自由讨论）

★ 请幼儿介绍与同伴讨论的结果。

★ 教师：原来垃圾也并不都是废物，有的还是能够重新利用的：废纸可以捣成纸浆后做再生纸；碎玻璃可以加工后再做成玻璃瓶、玻璃杯。垃圾可真是宝贝呀，那我们平时该怎么做呢？（引导幼儿说出可以给垃圾分类）

★ 教师：我们可以怎样给垃圾分类呢？（引导幼儿根据讨论的结果和生活经验，按照是否有用对垃圾进行分类）

★ 教师：像可乐瓶、玻璃这样还可以利用的垃圾叫做可回收垃圾，像腐败的菜叶这样没有用的垃圾叫做不可回收垃圾。

★ 教师：垃圾是放在一起好，还是将可回收和不可回收的垃圾分开放好呢？为什么？

（引导幼儿讨论垃圾分类摆放的优点）

3. 学习制作垃圾标记及分类垃圾桶，培养幼儿的初步环保意识。

★ 教师（出示垃圾桶）：可是，老师的垃圾桶都是一样的怎么办呢？（教师引导幼儿提出制作标记来区分垃圾桶）

★ 教师：认识一下可回收垃圾和不可回收垃圾标记是什么样的。

★ 教师给每组幼儿提供两个垃圾桶，请幼儿画出两种不同标记分别表示垃圾的可回收和不可回收，并贴到桶上。

★ 教师：我们可以把垃圾桶放在幼儿园的什么地方呢？

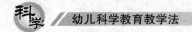
★ 请幼儿分组完成在幼儿园安放分类垃圾桶。

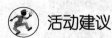 活动建议

    ★ **活动延伸**：① 继续讨论关于废电池的处理方法，发动幼儿回收电池。② 开展"幼儿园里拾垃圾"的活动，增强幼儿的主人翁意识及环保意识。

    ★ **区角活动**：在电脑区播放教学光盘《垃圾回收》。

    ★ **环境创设**：在主题墙中展示人们利用现代科技处理和回收垃圾的图片。

    ★ **家园共育**：家长在家里准备两个垃圾桶，教育幼儿要做到垃圾分类摆放和投放。

    ★ **领域渗透**：本活动渗透到社会领域，体现了对幼儿良好行为习惯的培养，教师在教学中应有意识地体现这一点。而其中分类摆放垃圾的方法则可渗透到数学活动中。

【附表】

表 23 - 1   垃圾分类调查表

不可回收垃圾	可回收垃圾

活动 *24* 宝贵的土壤（中班）

 活动目标

1. 通过户外散步、挖掘泥土、探索泥土等活动，发现动物、植物、人都需要泥土。

2. 进行初步的生态环境教育。

活动准备

1. 寻找适合幼儿散步和挖掘泥土的园地一处。
2. 分组活动,16～18 人一组。

 活动过程

★ 教师:今天我带你们到××地方去散步,你们要仔细地观察观察,看看泥土上有些什么,什么长在泥土上。

教师:泥土上有那么多东西(树、花、草、庄稼、房子……),你们想一想,如果没有泥土,这些植物会怎么样? 动物会怎么样? 人会怎么样?

教师:现在请你们挖松一小堆土,仔细地看看,泥土里有些什么? 告诉大家。

教师帮助挖土。(土中有草根、树叶、小虫……)

★ 教师:请你们再找找,土里有没有洞,洞里有什么?

教师:如果没有土,它们会怎么样?

★ **教师小结**:人、动物、植物都离不开泥土……
请每个幼儿绘画一张《我观察到的泥土》。

 活动评析

★ 土壤是环境中的一个重要因素,但往往被人们忽视。土壤里生长着千姿百态的植物,生活着生动有趣的动物,容易激起幼儿的好奇心和探索的愿望以及兴趣。但成人又往往因为担心弄脏幼儿的衣服或身体,而阻挠幼儿去接触土、了解土,更不能鼓励、支持幼儿去摆弄土、探索土、利用土。应该教育幼儿注意土、关心土。

★ 这里,以向幼儿进行初步的生态教育为指导思想,把宝贵的土壤作为幼儿正规科学教育活动的课题,引导幼儿去注意、关心"不起眼"的土壤,这是现代教育观点的具体体现。

★《宝贵的土壤》的整个科学活动框架,是幼儿通过愉快的活动,探索、感知土,以获取有关土壤的第一手经验。从土壤和周围物质世界联系的视角,引导幼儿观察、探索,具体地理解周围世界和人类的联系和关系,进行生动的、有趣的、丰富的生态教育。这种做法是符合该年龄阶段的认知发展水平的,容易被幼儿接受。

★ 该课题的活动场地,把幼儿从室内引向室外,充分利用大自然,不再让幼儿与自然界隔离,封闭式、灌输式地在室内进行自然物质教育,其方式是值得学习的。也就是说可以在自然界进行的内容,尽可能在自然状态下进行,以使幼儿能具体地、形象地观察和感受到人、生物和大自然的关系和联系,进行生动、形象、有效的生态教育。

★ 该课题的问题设计是简单的,又容易操作,观察到土和周围世界的联系和关系,是颇具匠心的。愿教师们思考、创造更多有质量的问题,以获取教育的有效性。

活动 25 保护绿色家园,从我做起
——不乱扔垃圾(小·班)

 活动目标

1. 初步了解垃圾给人们生活带来的危害,知道不能乱扔垃圾并表现于行为。
2. 能用语言表达自己的想法,与同伴交流。
3. 能关注周围生活环境,初步具有保护环境的意识,学习做"环保小卫士"。

 活动准备

自制图画书《小鸟历险记》。

 活动过程

1. 出示小鸟图片,以小鸟的自我介绍引入故事。

★ 导语:我是一只小小鸟,妈妈教会了我飞行的本领,还让我到外面的世界去看看,听说城市里可好玩啦,我现在就到那儿去逛逛。
教师讲述故事《小鸟历险记》。

2. **看图边讲边议。**

★ 教师(出示图一):小鸟来到了什么地方?(来到了广场)发生了什么事?(它被口香糖粘住了脚)它会怎么想?(这是谁丢的口香糖啊!)

★ 教师：小鸟又来到了哪里？（飞到了小河上）这里的水能喝吗？为什么？（不能喝。因为水是墨绿色的,水里还有垃圾,很臭很脏！）

★ 教师：小鸟离开了小河,来到了哪里？（来到了河岸边的草地上）什么东西砸到了小鸟身上？它怎么想？（西瓜皮砸到了小鸟的身上）小鸟该怎么办？（小鸟很疼,忍着伤痛飞走了）

★ 教师：小鸟碰到了这些事情,它会说些什么？（人怎么这样不讲卫生,乱扔垃圾啊！）

3. 互相交流对乱扔垃圾的看法。

★ 教师：小鸟的第一次远行,就碰到了这么多的麻烦事,这都是谁惹的祸？（乱扔垃圾的人）

★ 教师：你们在哪里看见过垃圾？你是怎么想的？怎么办呢？（在菜场里、马路上、小摊子前。感觉很脏、不整齐。看到垃圾箱后再把垃圾扔到垃圾箱里。随身带一只垃圾袋,装垃圾）

★ **教师小结**：要让我们生活的环境更美好,就要靠大家来保护。垃圾要扔到垃圾箱里,在没有垃圾箱的地方,可以随身带一只垃圾袋,装上垃圾后,到有垃圾箱的地方再丢弃,做一名"环保小卫士"！

 活动延伸

★ **亲子活动**："爱我母亲山,紫金山绿色环保之旅"。孩子们在家长的带领下,一边爬山,一边随手捡拾沿途发现的垃圾（瓶罐、纸盒、塑料袋、枯叶杂物等）,体验亲自动手、打扫母亲山的快乐,争做"环保小卫士"！

【附】故事《小鸟历险记》

刚学会飞的小鸟开始了它的第一次飞行。

小鸟飞过一座大山,看到这里人头攒动,好不热闹,原来这里是一个大广场。它想停下来休息一会,就飞到围栏上,可是,它的脚一下被什么东西粘住了,小鸟费了九牛二虎之力,才把脚从一个白白黏黏的东西上拿下来。小鸟回头一看,原来是一块被人吃过的口香糖,好险啊！

它急忙飞过大山,来到一条小河边,它口渴,想喝水呢！只见这里的水面上漂浮着红色、绿色的饮料瓶,还不时漂着白色的、花的塑料袋。河水墨绿发黑,散发出臭味,小鸟被臭味熏得失去了方向,差一点飞落到河水里。

  它连忙扇动翅膀，飞到河岸上去。此时，一块西瓜皮不知从哪儿飞了过来，砸得小鸟眼冒金星。还好，小鸟摔在了松软的草地上，躺了一会儿后，小鸟终于睁开了眼睛。"死里逃生"的念头闪电般从脑海里掠过，小鸟扇动着翅膀，无奈地飞回它生活的大森林里去了。

南京市六一幼儿园供稿

二、幼儿科学观察记录

记录1：小蝌蚪找妈妈

画面一：青蛙妈妈在水草上生下了许多黑黑的、圆圆的卵，这些卵动来动去，变成了一个个小蝌蚪。

画面二：小蝌蚪遇到了鸭妈妈和它的宝宝，小蝌蚪就想到了自己的妈妈，就问："鸭妈妈，鸭妈妈，您见过我们的妈妈吗？"鸭妈妈说："你们的妈妈长着又宽又大的嘴巴，眼睛大大的，你们到前面去找吧。""谢谢您，鸭妈妈！"

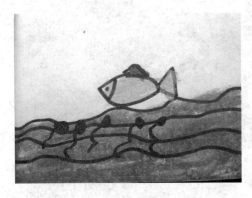

画面三：小蝌蚪继续向前游，看到了鱼妈妈，就喊着："妈妈，妈妈！"大鱼说："我不是你们的妈妈，我是小鱼的妈妈，你们的妈妈有四条腿，好孩子，到前面去找吧！""谢谢您，鱼妈妈！"小蝌蚪们继续向前游。

画面四：小蝌蚪看到了乌龟妈妈，就说："妈妈，妈妈！"乌龟妈妈说："我不是你们的妈妈，我是小乌龟的妈妈，你们的妈妈肚皮是白色的，好孩子，到前面去找吧！""谢谢您，乌龟妈妈！"小蝌蚪们继续向前游。

画面五:小蝌蚪遇到了大白鹅妈妈,大白鹅妈妈肚皮是白的,小蝌蚪就喊:"妈妈,妈妈!"大白鹅说:"我不是你们的妈妈,我是小白鹅的妈妈,你们的妈妈眼睛大大的,嘴巴又宽又大,走起路来一蹦一跳,唱起歌来呱呱呱,穿着绿衣裳,你们到前面去找吧!""谢谢您,大白鹅妈妈!"

画面六:小蝌蚪继续向前游,看到了青蛙妈妈,青蛙妈妈说:"娃娃,娃娃,我的好娃娃!"小蝌蚪觉得很奇怪,说:"妈妈,我们怎么跟你不一样啊?"青蛙妈妈说:"你们还小呢,等到你们长大了就像我了。"青蛙妈妈和小蝌蚪们在水里连翻了好几个跟头。

南京市浦口区明发滨江幼儿园张放供稿

记录2：豆子发芽试验

我的观察记录

姓　名：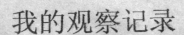

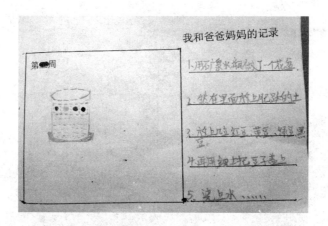

我和爸爸妈妈的记录

第一周

1、用矿泉水瓶做了一个花盆

2、然后里面放上肥沃的土

3、放上几立红豆、黄豆、绿豆、黑豆

4、用泥把豆盖上

5、浇点水……

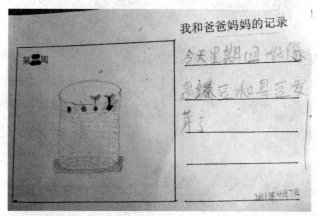

我和爸爸妈妈的记录

第二周

今天星期四 好像是绿豆和黑豆发芽了

2011年4月7日

4 / 5号

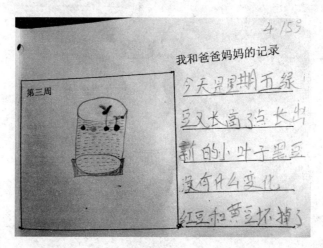

我和爸爸妈妈的记录

第三周

今天是星期五绿豆又长高了点长出新的小叶子黑豆没有什么变化红豆和黄豆坏掉了

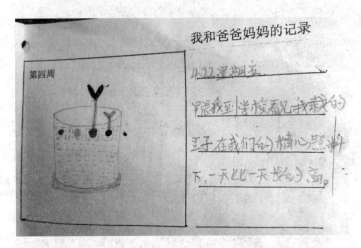

我和爸爸妈妈的记录

4.22星期五

早晨我到学校看见我栽的
豆子在我们的精心照料
下，一天比一天长的高。

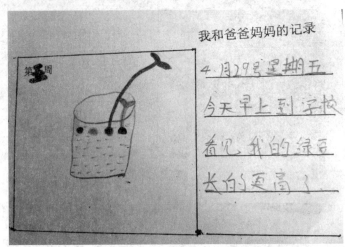

我和爸爸妈妈的记录

4.月29号星期五

今天早上到学校

看见我的绿豆

长的更高了。

南京市浦口区明发滨江幼儿园供稿

经验介绍篇

花生的秘密

在一个秋高气爽的日子里,我和孩子们来到附近郊区的一块农田边,望着眼前一片绿绿的"菜地",地上一片片小小的绿色叶子,有的已有点发黄了。我让孩子们猜一猜叶子下面长在泥土里的会是什么。大家你看看我,我望望你,十分疑惑,也十分好奇:到底是什么呢? 我让大家带着好奇和求知的欲望,蹲下,抓住植物的茎用力向上拔,首先拔起一棵的是一个小男孩,他拎起叶子,兴奋地大叫"花生,花生"。这一发现,让孩子们如同发现了"宝"。花生长在地下,埋在泥土里,"我还以为花生长在树上呢!"为了不破坏一棵一棵的花生,也便于孩子们采集,我让事先请来的农民阿姨帮助小朋友用小铲子挖出一棵一棵的花生。然后,请大家坐在田边,沐浴着秋日的阳光,体验着在田边上课的乐趣。孩子们带着好奇、好玩的情感十分投入地把花生一颗颗摘下,放在自己的塑料袋中,并发现花生都长在细细的茎上,有的边摘边自言自语:"原来花生长在泥土里。"最后,我请大家数一数,自己摘了多少颗花生。最多的有三十几颗,最少的十几颗,大多数是二十几颗。在此,孩子们发现,同样一块地,每棵花生结的数量有多有少,花生有大有小,孩子们体验着亲自参加劳动、发现花生生长环境和生长特点的乐趣。在生机勃勃的自然环境中,孩子们获得知识,老师没有说教,没有灌输,没有排场,有的只是真实的农田,活生生的带着泥土气息的花生,这是一次朴素的纯真的活教育。农民阿姨慷慨地把花生送给小朋友们,大家在"谢谢阿姨"的笑声中,拎着自己亲手摘的花生,享受着太阳公公的亲吻,迎着秋风的吹拂,漫步在回园的路上。

在路上,孩子们叽叽喳喳地交谈着他们的发现,他们特别感兴趣的仍是"原来花生长在泥土里,长在地下,花开在地上"。大家还比较着各自摘的花生的数量,摘得多的有一种自豪感,摘得少的似乎有点失落,同样的摘花生,却有着不同的情感体验。我还请孩子们商议,回到班上如何处理这些有泥土的花生。大家意见一致:"洗干净,放在太阳下晒干"。遵照孩子们的意见,回到班上,我们把花生分别倒进4个盆里,小朋友分4组,每组负责洗一盆花生,然后倒进4只篓子里,放在阳台上晒。孩子们不时跑去看看,摸摸,翻一翻,人人都十分主动地关心着自己亲自摘的花生。

几天后,孩子们仍然分成4组,围着桌子坐着,桌子中间有一大盘花生,每人面前有两只小盘。活动前,请小朋友都把手洗干净。

活动开始,请小朋友从盘中拿出一粒生花生,再拿出一粒熟花生,剥开,提问:"请大家看一看,它们有什么不同?""生花生颜色淡一点,熟花生颜色深一点""生花生壳硬,难剥;熟花生壳脆一些,好剥""熟花生的壳容易碎"。再请每人取生、熟花生各4粒,进行剥花生比赛,看谁剥得又快又好,还会边剥边动脑筋,发现花生壳里有什么秘密,以此激发起孩子探究的欲望。

"我发现一颗花生里睡着2粒花生米";

"我发现花生壳里面有两间小房子,每间房里睡一个花生宝宝";

"我发现只有一颗大花生壳里有3间小房子,睡着3个花生宝宝";

"我发现花生壳分成两节,两节中间有凹下去的地方";

"我发现花生壳上有许多斜的线,还有许多横的小线,摸在手上有点粗粗的感觉";

"我发现我剥的8颗花生,有6颗里面都睡的两个宝宝";

"我发现一颗花生里睡一个宝宝的少";

"我发现花生宝宝都穿着红衣裳,熟花生的红衣裳一剥容易掉下来,生的把花生宝宝包得紧紧的"……

孩子们在自由动手操作的过程中,发现了花生的许多秘密,这些秘密就是生动的感性知识。而且他们开始喜欢用"发现"这个词,喜欢发现,乐于发现,会发现,养成对周围事物去探究发现的良好习惯,这就是我们科学启蒙要达到的目标之一,这将对孩子们终身爱探索、爱科学奠定良好的基础。

我不满足孩子们的发现,继续抛出一个问题:"你们每人都剥了多少颗花生?""8颗""4和4组成8";再追问8颗花生一共剥出多少粒,生花生多少粒,熟花生多少粒,一共多少粒。这几个问题很快调动起孩子们对数的兴趣和认识。各种不同的答案出来了:"生的7粒、熟的8粒,一共15粒""生的8粒、熟的8粒,一共16粒""15粒""14粒"……我把答案写在黑板上进行比较。虽然孩子们并未学过20以内的加法,但他们把花生进行排列,有的一个一个数,多数是两个一数。还有少数三个三个的数,五个五个的数,不同数法,得出不同的正确的得数。孩子们在计数中,手、眼、脑、口全在动,全身心地投入。在此,孩子们把认知花生,探索发现花生的秘密与数学结合,而这种结合是那么自然、生动,没有硬凑的痕迹。

"现在让大家轻松一下,尝尝自己剥的花生,并说说生、熟花生的味道有什么不同。"进行生、熟比较,在同中求异,异中求同,这是一种有意识的比较、分析、判断的思维训练。有的小朋友把皮剥掉吃,有的连皮一起吃,我不加干涉,任其自由,吃得快活,然后再请他们说说吃皮和不吃皮的理由:"我不喜欢吃皮,皮会粘在舌头上""妈妈说,皮有营养,应该连皮吃"。到底应不应该连皮吃? 孩子们快乐地互动着、热烈地讨论着!

★ **活动延伸:**

1. 活动区:① 好玩的花生壳小制作。② 向家长开放"花生壳大比拼"展览。
2. 游戏:如皋花生食品展销会。

江苏如皋安定幼儿园:李培培

绿色园地的种植与管理

南京市浦口区明发东方幼儿园(以下简称"东园")地处浦口区滨江大道一号，她枕着逶迤的长江，享受着得天独厚的自然风光。幼儿园有广阔的操场供孩子们自由自在地跑跳；围栏的四周有绿树植被生机勃勃春红夏绿。可是老师的心中觉得缺少了一点什么，思考过后明白：幼儿园缺少一块"绿色园地"，一块乐意让孩子和老师自由种植、自管自收的"绿地"，缺少一个让孩子与大地对话的场所。于是，师生们在草坪上开了一个"天窗"——开辟了一片种植园地。现将"园地"的种植与管理介绍如下：

一、幼儿园种植活动对于幼儿的意义

孩子们对泥土，对植物，对动物有着天然的感情。种植园地让孩子们有了亲近自然、亲近植物，体验植物生长之奇妙与植物生命奇迹的专门场所。春雨过后，植物生长奇快。孩子们利用饭后散步的时间和晨间活动的时间，在老师的带领下观察植物的生长变化。中大班的孩子以观察记录的形式记载植物的生长过程。对于一些跨学期、跨年度的植物，经常在新学期给孩子们带来惊喜，孩子们感受到了与植物共同成长的喜悦。

幼儿园种植活动对孩子来说，意义是多方面的。在此简单归纳为以下几个方面：

(1) 在种植过程中，孩子们获得了一般条件下植物生长的真实经验——植物的生长是有差异的。在图画书和动画片中，孩子们看到的植物生长是整齐划一的：一起发芽，一起开花，一起结果。而孩子们自己种的植物(如向日葵)，无论是发芽、开花、结果、成熟都不是同步的。孩子们很惊奇，也很焦急。有性子急的孩子，悄悄地将向日葵的种子拔出来看看再重新插回土里，多次"事故"以后，种子再也不会发芽了。老师结合"小朋友吃饭的多少、速度快慢与长身体有关"作比喻，给孩子解释"为什么同一天播下的种子有的长得快有的长得慢"，孩子们很容易就理解了。性急孩子也在"失败"中增长了知识。

(2) 在管理的过程中，孩子们有了连续观察与细致探索的"实习场"。"花生果究竟长在地上还是地下的"这个问题曾经困扰了孩子们很久。因为爸爸妈妈爷爷奶奶都说花生果是长在地下的,可是我们幼儿园的花生确实是长在地上的。耳听为虚眼见为实,小朋友对花生的生长问题产生了怀疑。老师们就每隔两天带小朋友去园地参观,看看花生到底是怎么长的。经过一个多月的观察,孩子们发现:花生一开始是在地面上开花结果的,慢慢长大了会钻到土里去,直到成熟。连续的观察直到收花生,从土里拔起花生,为孩子们解开了心中的谜团。拔花生、挖土豆、剪油菜籽和收麦穗,还有摘蚕豆,每一件事情小朋友都积极参加。

（3）在收获的过程中,孩子们享受着成功和快乐。孩子们从来没有把种植、浇水、收获当做"劳动"来做,而是当做"游戏"来做的。即使在大太阳底下剪麦穗,每天搬进搬出地晒油菜籽,弯着腰在蚕豆地里摘豆荚,孩子们都觉得是一件难得的好事,是一件快乐的事情,是一桩美差。看着自己亲手撒下的种子有了果实,他们一个个发出了幸福的笑声。种植园地是孩子们体验成功和快乐的地方。

（4）在茶余饭后,孩子们找到了娱乐的场所。晨间的值日生工作之一——给植物浇水,午饭后的散步活动——参观种植园地,这些可是都市小朋友最向往的事情。走在并不平坦的小路上,看看花,看看草,摸摸树,找找西瓜虫、蚯蚓和蝈蝈,相互交换一些自己发现的"小秘密",孩子们在这里流连忘返。西瓜虫到底藏在哪里、怎样发现蚯蚓的踪迹、蝈蝈逮到后如何做成标本……这些事情课程中没有,可小朋友的生活中有,经验中有。种植园地是孩子们的"活课堂"。

种植园地还绿化了校园,美化了环境,生活化了幼儿园课程。在园地种植和管理的互动中,教师和幼儿增进了情感;家庭与幼儿园的相互支持和配合增进了家园联络。因此,种植园地被称为"环保的、低碳的、绿色的"园地。

二、种植活动的指导

（一）植物品种的选择

植物品种的选择以"就地取材"为原则,我们一般从几个方面考虑并进行筛选:① 选择在当地容易生长的植物;② 孩子生活中常见的植物和在班级自然角中不容易长好的植物;③ 孩子生活中不常见却能激发孩子好奇心的植物;④ 果实生长方式不同的植物;⑤ 课程中需要孩子掌握或积累相关经验的植物等。

（二）种植方式的选择

根据幼儿园的场地条件和指导老师自身的知识条件而确定。一般是：育苗移栽，直接播种，扦插成活等。

（三）种植场地的利用

幼儿园的种植场地有限，为了将有限的土地充分利用起来，我们采用多种植物套种的办法。有通过搭架子在空中结果的植物，有在泥土里生长果实的植物，还有常见的在植物上结果的植物。地上、地面、地下三者结合，形成"海陆空"相结合的立体种植状态。

（四）种植时间的搭配

根据具体需要，幼儿园基本考虑到园地中春夏秋冬都有植物在生长。有春天种植春天结果的植物，春天种植夏天或秋天结果的植物，夏天播种秋天或冬天结果的植物，冬天播种春天或夏天收获的植物等。

（五）园地和肥料的来源

一般幼儿园会有一些边边角角的地方被种植了草坪，这些地方可以根据需要开垦种植。实在没有土地的幼儿园，则可以在泡沫塑料盒、蛋糕盒、牛奶盒或花篮、果篮里填上足够的土进行种植，只要管理得当，种植的植物一样可以有收获。

肥料则来自于本园，如：磨豆浆剩余的豆渣，冬天可以直接撒在浮土上，其他季节可以放在指定的泥潭里沤肥后再用。还有平时小朋友喝过牛奶和豆浆以后洗杯子和壶的第一遍脏水，也是浇灌花草植物很好的肥料。条件允许的情况下，小朋友的尿液更是好肥料。鱼肠、鸡肠、鸡毛等也是可以埋在土里做肥料的，还有就是班级养殖区里金鱼、螺丝、河蚌等换下来的水也是上好的肥料。

三、种植园地的管理

我们幼儿园以年轻老师居多，保育员又多来自城市，大家对植物的生长知识只是蜻蜓点水略知一二。结合这种情况，我们对种植园地的管理做了这样的安排：

（1）种植园地实行"班级责任制"。种植园地由班级老师带领小朋友管理，管理的内容有：确定种植植物的名称，组织幼儿的种植活动，带领幼儿浇水，和幼儿一同收获并讨论新的种植活动。

（2）门卫师傅和其他后勤人员参与管理，特别是门卫师傅参与管理这一点很重要。因为师傅寒暑假和节假日都工作在幼儿园，对植物的看护和浇灌起关键作用。他的管理内容是：节假日期间的植物浇灌，辅导班级师生的种植活动，对植物种植的时间和区域给予老师重要的指导，帮助教师育苗，确定收获的时间，初步地翻土晒地等。可以说，门卫师傅劳苦功高。厨房人员则负责豆渣、鱼肠等废料的收集，在便利的情况下相关种子秧苗的协助提供，配合班级将部分果实烹饪后供幼儿品尝，为幼儿分享收获的喜悦提供便利。

（3）家长是种植园地有力的支持者和合作者。幼儿园可以利用家长资源收集种子和秧苗，获得部分家长的种植方法的指导，配合幼儿园培养孩子"关心植物生长，爱护植物，不乱踩乱摘植物"的好习惯。

四、常见植物的种植

以下列举幼儿园曾经种植的植物，供大家参考。

表 2-1　豆类的种植

豆类	种植时间	种植方法和幼儿参加的活动	收获时间（季节）
蚕豆	10月中旬起种植	直接将蚕豆种子埋入土里，别太深，否则出芽慢。可以两颗种子埋一个洞。无需特别浇水，自然生长。种植、观察蚕豆花、摘蚕豆、剥蚕豆和蚕豆米，品尝活动。	来年3月份开花，4—5月份收获
绿豆、红豆等豆类	清明前后种植	同黄豆的种植方法。收获时孩子放暑假，所以，一般比较少种植。但6月份时孩子可以剥豆子。	同年8月份左右收获
黄豆	6月中旬起种植	孩子参与收获	同年10月份收获

表 2－2　蔬菜的种植

蔬菜类	种植时间（季节）	种植方法和幼儿参加的活动	收获时间（季节）
莴笋	元旦前育苗	育苗移栽，需要浇水施肥。莴笋也会开花，结子。 可食部分为茎和叶。	5 月份收获
土豆	元旦前育苗 （或让土豆发芽）	可将土豆放在阴凉潮湿的地方发芽，将发芽的土豆按发芽数量切成小块，埋入土里生长。有条件的话，在土壤上面盖一层薄膜保暖，加快发芽的速度。刚栽的土豆需要浇水 1～2 次。叶子长出地面后则不用浇水，否则叶子长得快，影响土豆果实的生长。果实在土里。挖土豆是幼儿非常喜欢的活动。	6 月份左右收获
黄瓜、南瓜等	清明前后育苗	一般谷雨时移栽（4 月 20 日左右），经常浇水，可以施肥。黄瓜需要搭瓜架。黄瓜挂在瓜架下很吸引孩子。南瓜产量很高，可以供幼儿食用。	6、7 月份收获
西红柿、茄子	清明前后育苗	一般谷雨时移栽（4 月 20 日左右），经常浇水，可以施肥。供幼儿观赏较多。	6 月份挂果，7 月份收获。
萝卜	根据需要定时间	直接将种子撒入土中，浇水 2～3 次即可生长。一般生长时间 4 个月左右。植物生长比较泼辣，孩子水浇得多与少均可生长。	5、6 月份和 11、12 月份均可收获。

表 2-3 农作物的种植

农作物	种植时间(季节)	种植方法和幼儿参加的活动	收获时间(季节)
油菜	10月底到11月初移栽	先将菜籽撒在浅盆或其他废盒子中,浇水,育苗。待苗长出5公分高时,拔出,将苗移栽到种植园地中。刚开始需要浇水,直到苗成活为止。有条件的地方中途可以施肥。会吸引很多的小蜜蜂采蜜,幼儿很喜欢观察蜜蜂采蜜的情形。	3月下旬—4月中旬开花,4月下旬结子,6月份收获油菜籽。
玉米	清明前后育苗	谷雨前后移栽;也可以将2~3粒玉米直接放入土里发芽,不用移栽。经常浇水,可以施肥。9月份开学后玉米秆还在,也可以参与收获。	7、8月份收获
小麦、大麦	10月初	土地最好松软,直接将种子撒在土地上,轻拍土地,让种子埋入土中。一般不用浇水,靠天收。麦子基本上被小鸟吃光了,所以驱赶小鸟和观察小鸟同时成了孩子喜欢的活动。可以拔麦秆剪麦秆等。	3月份抽穗,5月份成熟
花生	3月中旬	直接将2~3粒花生米放入土里发芽,偶尔浇水,不用施肥,但是土地最好松软。等不到7、8月份,孩子们在6月份就将花生拔了出来。	7、8月份收获
吊藤瓜子	冬天种植	第一年种植以后,将枯藤剪掉留根,则第二年会自动发芽。将吊藤瓜子浸泡1~2天,沥干水分用布包好放阴凉处1~2天,将种子多粒插入洞内,多洞成排,方便搭瓜棚架,先结果后开白花,果实由绿变红数量很多,生长周期长,便于观赏。种植理由是它生长泼辣,而且果子会变色,好看。	6、7月份可开花、结果

农作物	种植时间（季节）	种植方法和幼儿参加的活动	收获时间（季节）
向日葵	清明前后育苗	谷雨前后移栽：也可以将2～3粒玉米直接放入土里发芽，不用移栽。经常浇水，可以施肥。只要有泥土的地方就能种植，容易区分是谁种的，生长变化特快，便于观察。	6月份收获

说明：为了便于幼儿参与种植、管理、观察和分享成果，以上植物的种植时间是根据幼儿园学期的时间和植物生长的一般时间结合而成的，收获时间自然也有所变化，它与农民的种植时间不完全一致，特此说明。

根据一般经验，凡种子放入冰箱1～2天后拿出再浸泡，则发芽较快。

一些常见的植物，如大蒜、洋葱、洋花萝卜等，因为在自然角中也有养殖和种植，所以未列入其中。

南京市浦口区明发东方幼儿园：龚月琴

雨中的田野

七月初，雨不停地下着，我来到郊区一所幼儿园，调查了解农村幼儿智力开发现状。小雨淅淅沥沥，我想这不正是了解孩子认识自然的最好时机吗？于是我和孩子们一起，站在走廊上认真观看雨中的田野。

近处是一片菜畦，雨中显得更加生机蓬勃、郁郁葱葱。我让孩子看菜畦里长了些什么，明确的目的一下拴住了孩子们一双双聪明的眼睛：青菜、大豆、扁豆、丝瓜、豇豆，还有黄瓜。孩子们从叶子的不同形状、茎的不同长式，很快辨认出了这些还未结实的蔬菜。一个小朋友好像发现什么珍奇似地叫了起来："田边还长着许多小草，嫩嫩的，我家的小兔喜欢吃青草。"小草引起了孩子们的联想，拉开了话题："我也喜欢小草，我家的老牛，还有小羊也要吃青草。""喜欢"这个词在孩子们的观察后，注入了纯真的情感。"我喜欢丝瓜、扁豆、青菜，因为它们都能吃，吃了，我们小朋友才能长大。""我喜欢这些青菜，因为吃了它们，长大了才能当科学家。""我喜欢它们，它们的叶子都是绿油油的，因为我爱绿的颜色。"听着孩子们天真的话语，我心中漾起快乐的涟漪，孩子们概括、抽象以及简单的推理悟出事物之间的因果关系，更令我欣慰。

接着，我引导小朋友们将注意力转向菜畦的四周，要孩子们仔细地看、尽情地想。"河边的芦苇长在一起，像绿色的森林，我多么喜欢它呀！""绿色的森林"，天真而聪慧的比喻，"多么"，强烈的感情色彩。眼前的景物，触动了孩子们联想的灵感，使观察更具有诗意。"芦苇高高的，像绿色的墙。""芦苇不怕雨，在雨中摇来摇去，好像在跳舞。""芦苇好像在对夏天的雨说'下吧，下吧，我才不怕呢！'"孩子们灵活地运用"春雨"这首儿歌的句子，使眼前的景物和过去的知识、经验重新组合，于是联想和创造的花蕾绽开了，这种联想和创造正体现了孩子们思维的扩散，而思维的扩散中更可喜的是思维的求异和在求异中的再扩散。孩子们在"园丁"的培育下，已经初步养成这种习惯和兴趣，即别人说过的话不重复，要自己看，看自己爱看的；自己想，想自己愿想的；自己说，说与众不同的：

"河里小鱼快活地说：'下吧，下吧，河里的水越多，我才游得更快活！'"

"田里的青蛙呱呱地说：'下吧，下吧，我正好捉害虫。'"

"远处的树木、近处的花草一个个都摇着身子,它们好像在说:'下吧,下吧,好让我美美地喝足水。'"

我完全被孩子们各自不同的话语所倾倒,我欣赏孩子们语言的完整和充满情感,我更佩服孩子们丰富的想象,我陶醉了。这时,一个小朋友似乎带着几分命令的语气大声说:"别下了,别下了,我们要到公园去看猴子!"与众不同的"别下了",更令我惊异,我真想紧紧地搂住这些孩子,亲一亲他们,多好的小宝贝!

最后,我要孩子们向远处眺望,让他们去探索,去发现。我注意到孩子们在观察中情绪更高涨了,一双双聪慧的眼睛不断地眨巴着,我想更令人陶醉的话语即将从这群孩子嘴里蹦跳出来,我还没思索好,孩子们就像小麻雀似地唧唧喳喳地议论开了!

"啊,到处是一片绿色!"多好的概括,多深的情!

"我喜欢这些绿色的庄稼。""绿色的植物。"另一个孩子是求异还是补充,我说不清,但我想中国未来的农学家不就该从孩提时就深深爱着田野,爱着庄稼吗?

"绿色的田野是绿色的大地毯。""绿色的海啊,我爱你!"我面前宛然站着祖国未来的诗人!

"多么好啊,绿色的田野!"孩子们从内心发出由衷的赞美。另一个孩子则又赋予了更深一层的意义和情感:"多么美啊,雨中的田野! 多么辛苦啊,农民伯伯!"接着一个女孩不知是解释还是补充:"伯伯、阿姨们不怕雨,还在雨中锄草。"大家的视线都集中到雨中菜畦里的几位农民身上,孩子接着阐述道:"是农民伯伯、阿姨的辛勤劳动。庄稼才长得这么绿,田野才这么美!"田野美,如同碧波,荡漾在孩子们心灵的湖泊里。孩子们在观察中畅想,沉湎于农村绿的世界。对绿的爱,对创造这绿的农民的爱,情感是如此纯朴美好。与其说是我在了解孩子们的智力开发情况,不如说是孩子们给我上了一堂生动而深刻的课,我又一次体会到肩上的担子,我要不断学习,不断探索研究。

我感觉这位郊区幼儿园的老师,用自己爱苗苗的深情着力开发农村孩子的智力,让他们会看,会想,会说,思维活跃,联想丰富。特别是有意识、有计划地训练幼儿思维的发散和求异,为造就一代创造型人才打下良好的基础。

我感激这位平日不声不响,但却贪婪地接受新信息,并勇于实践的乡村幼儿教师,重视幼儿词汇的积累与口头语言表达能力的训练和培养,孩子们说的这些话不是挤出来的或硬塞给他们的,更不是死记硬背的。而是直接感知下,从平日积累的语言仓库中蹦跳出来的。我更感激这位乡村幼儿教师对自己乡土深深的爱意,充分利用一草一木、一土一石,丰富幼儿的知识,陶冶幼儿的情操,开发幼儿的智力,使农村的孩子在乡村特有的世界里,向着未来迅跑……

　　雨不停地下着,雨中的田野更绿、更美。我忽然想起歌德的诗句:"理论是灰色的,而生之树是常青的。"是的,理论只有扎根于生活,才具有旺盛的生命力。

　　　　　　　　　　　　选自北京《学前教育》1986 年第 1 期,作者:王邦惠

幼儿园科技活动室的设置与使用

在现代科学技术迅猛发展的 21 世纪，国家需要具有科学素质、创新能力的新一代。儿童是在与周围环境中的人、事物相互作用中获得主体发展的，科学探索、技术操作是培养具有创新意识和动手能力的新一代的重要途径之一。

国外十分重视儿童的科学素质的早期培养，不仅各级各类幼儿园、学校注意广泛地进行早期学科学活动，社会也为幼儿的早期科学活动提供最佳条件和活动空间，各类博物馆、科技场馆免费对儿童开放。在上个世纪后期进行的 STS 教育及在美国、法国的"做中学"科学教育方案等都注重培养儿童从小关注科学、技术、社会之间的关系，让儿童在动手做的过程中奠定优良的科学素质基础。

我国近三十年来也十分重视在幼儿园进行科学素质的培养，将自然常识课改为"科学"，自 1988 年开始，南京师范大学王志明教授等专家在理论和实践两方面对幼儿园科学教育作出指导，不仅重视正规的科学教育，而且重视非正规科学活动及偶发性科学活动，同时还创造性地在幼儿园设置了专门的科技活动室（亦称科学活动室、科学发现室、自然发现室、科技操作室等），多层次地为幼儿从小学科学创造了条件。

上世纪 90 年代以来，全国各地均十分重视幼儿园的科学环境创设，我省也把有无科学发现室等专用活动室的设立作为评估幼儿园等级的标准之一。但由于受重知识、技能传授，忽视儿童自我探索建构的教育观影响，受班级授课制的束缚，受教科研研究力量的限制等等，幼儿园如何更好地为幼儿的科学探索创设、提供更科学的、符合幼儿不同兴趣、不同能力、不同需要的相关环境和条件，成为困扰幼儿园科学教育的难题之一；特别是科技发现室如何更好地发挥作用，成为幼教理论、实践工作者共同关注的问题。就江苏省内对部分幼儿园科技活动室情况的调查了解，发现科技发现室的设施、材料提供、组织领导上存在不少问题，如：追求豪华摆设，观赏的多、操作的少；按学科知识体系考虑的多，符合幼儿年龄特点的科技操作材料缺乏；应付上级检查、活动时断时续、利用率低等现象普遍存在。

幼儿园科技活动室是指幼儿园专门设置的，供幼儿进行科学发现、科学探究、科学小实验活动的场所（也称科学发现室）。

本文研究、探索并总结了幼儿园科技活动室环境材料如何适应幼儿年龄特征、科学探索需求，如何为幼儿提供有规律的、能有效促进幼儿发展的科学探索环境、材料、设备、器皿及工具等，以及教师组织幼儿活动的指导策略。

一、幼儿园科技活动室的设置

科学探索理论认为，科学的关键是探索，儿童是天生的学习者，有探究的本能。幼儿的科学活动是通过自身对周围物质环境进行观察、发现、感知、操作的过程。科学技术活动室丰富的设施、有层次性的材料，为每个幼儿运用自己的感官，多方位地进行探索、发现提供了条件，科技发现室的设置和材料可以引发幼儿对科学操作的兴趣，满足幼儿的好奇心和科学探究的欲望。

生态学是研究有机体周围环境之间相互关系的科学。在教育生态系统中，人、教育、环境彼此关联，共同构成一个不断矛盾运动的生态系统。儿童在专门设计的科技发现室的多样的环境、丰富的材料的相互作用中，不断经历平衡—不平衡—新平衡的矛盾过程，从而达到身心的不断发展。

建构主义认为，知识是发展的，是内在建构的。学习者是在知识、解释、理解世界的过程中构建自己的知识的。为奠定幼儿优良的科学素质基础，必须让幼儿在充分的科学探索活动中培养兴趣、积累经验、增长能力、养成习惯等。

依据以上理论指导，通过研究，我们认为：幼儿园科技活动室的设置和环境材料的供应遵循一定的原则，应合理安排幼儿园的使用，使其发挥最大效益。

（一）幼儿园科技活动室设置、环境材料提供应该遵循的原则

1. 体现可能性和实效性

幼儿园设立幼儿科技活动室是为幼儿园全体幼儿主动学科学提供专门的活动场所，幼儿园应该根据班级以及幼儿人数的情况，设置科技活动室，提供环境材料。一般配置的活动空间以及多种材料、设备、器皿可以满足一个班级孩子同时进行活动，可以让幼儿在充分使用不同材料、器皿、工具的科学活动中激发科学兴趣、满足好奇心、学习粗浅的科学知识。如果有条件却不重视科技活动室的设立，或活动室面积太小，每次容纳不了几个孩子活动，显然不能满足本园幼儿进行科学发现、科技探索的要求。

同时，幼儿园设立幼儿科技活动室，也要防止只追求形式上的奢华，防止只注意美观、讲究形式，大量花钱建构一些只供幼儿欣赏的"海底世界""动物天地"等；购买很多的高档科技玩具，如过多的电动玩具如母鸡生蛋、猴子翻筋斗、小熊打鼓、

电动汽车、遥控机器人……幼儿只是按按按钮，观赏观赏，新奇一会儿就会失去探索兴趣，对儿童来说只能观看却不能满足他们亲自动手的探索需求，这些价格贵又容易损坏、不能让幼儿自己动手的设备和玩具只要适当选择一些蕴涵不同原理的就可以了，而那些可以让幼儿动手操作的、可以拆装的成品、半成品，诸如：放大镜、车辆装配材料、人体模型材料、各种弹簧、磁性材料等等，才是幼儿园必须配备的经久不衰的、好的科学玩具、材料。幼儿园科技活动室应当配备那些能够反复使用，而且可以满足幼儿人人动手操作、积极探索的需要，引发幼儿自身的知识建构、思维活跃、大胆创造的有效益的好材料和半成品。

2. 符合科学性和启蒙性

幼儿科技活动室是培养幼儿从小学科学、爱科学的特别的专门场所，因此幼儿园科技活动室的设置以及环境材料提供都应该尽量体现科学特有的特点，包含现代科学、技术等多方面的内容，例如：简单的力、热、光、声、电、磁等物理现象；自然环境和人们生活中常见的事物和现象，以及工具、科学技术、最新科技发明等。幼儿园科技活动室内容丰富、材料多样，可以更好地满足幼儿的好奇心、求知欲，可以引发幼儿操作、探索的需要，可以帮助幼儿积累初步的、多方面的科学知识和经验。因此，幼儿园科技活动室环境设置、玩具工具材料的提供必须体现科学本身的特性，积极提供有关科学多方面的玩具、材料、工具。

同时，幼儿园科技活动室的环境、材料的设置和提供，均要考虑幼儿的年龄特点，充分体现启蒙性。幼儿年龄小，幼儿园的科学活动仅仅是科学启蒙活动，不是对幼儿进行系统的科学知识和技能的传授，幼儿在科技活动室的活动，主要是引发他们在自己"瞎忙"的过程中通过对物体的触摸、摆弄，进一步增强对周围世界的好奇、好问，在感觉、知觉的过程中积累粗浅的科学知识、经验，感受自己的"成功"，而一些科学性很强的、深奥的科学原理不需要灌输给幼儿，也无需严格按照科学的门类让幼儿去学习。例如：在科技活动室中孩子们操作放大镜、显微镜，发现着平时从来没有观察到的细细的叶脉、绒绒的纤维……通过这些放大镜、显微镜把孩子们引入他们平时用自己的眼睛从来没有接触过的微观世界，他们觉得太有趣了、太神奇了！他们可以借助这些具有光学原理的镜片去感知更多物品的细微特征，满足自己的探索愿望，不断扩大自己的认识范围，但是不需要让孩子研究放大镜、显微镜的科学原理。

3. 兼顾开放性和层次性

幼儿在科技活动室的活动主要是幼儿在教师创设的丰富的科学探索的环境中，依据自己的兴趣自主地与科技活动室的设备、材料、科学玩具的互动过程中操作、观察、思考、积累。幼儿的选择性强，在操作的过程中，幼儿也可以根据自己的需要自由选择和调整材料。所以科技活动室的**环境**必须充分体现开放性：环境是丰富的，可以活动的材料能够多于幼儿（无论是全班幼儿，或者是自由选择的幼儿）人数选择的需要；科技活动室的**设备**必须充分体现开放性：一些不同的操作区域、一些需要独立进行"研究"的区域，都需要相对地开放，既能够保证指导教师可以关注到每一个在活动的幼儿，又能够保证每一个幼儿独立地、静下心来操作、实验、研究，不受别人的干扰；科技活动室的**内容**更应该体现开放性：应该充分鼓励每一个幼儿用自己的方法活动，而不要让幼儿按照教师预设的步骤、教师的演示进行操作、实验。另外，教师要提供相对比较开放的材料给不同能力和水平的幼儿，使幼儿能够按照自己的意愿来选择、探索。例如，在制作"会翻滚的小人"时，教师可以提供成品、半成品和一些制作材料，幼儿可以选择自己觉得合适的材料，如玻璃弹子、钢珠来制作，也可以尝试用油泥搓成有一定重量的圆珠来尝试，在反复的尝试操作中逐步领悟"小人翻滚"的奥秘。开放的材料给幼儿提供了选择的自由，能更大程度地调动幼儿的积极性，使其在探索和操作的过程中主动地获取相关科学经验。

图 4 - 1

图 4 - 2

开放的设施有利于幼儿独立操作、查阅资料，可以交流但是又互不干扰

图 4 - 3　我园自行设计的半开放的操作桌

图 4 - 4　拼装小自行车适合大中班的幼儿

　　材料的开放性建立在材料的丰富性上,只有丰富的材料才能够充分体现活动内容的可选择性。但丰富的材料并非单指材料数量上的累加,还应该具备层次性的特征。材料的层次性即材料的组成的层次,是指提供的材料应满足幼儿不同的探究活动的需要。如在"沉与浮"中,教师提供的材料中有在水中能上浮的材料,有在水中会下沉的材料,有的是可沉可浮的材料,还有可以改变物体在水中沉浮状态的辅助材料。这样的材料可以有效地助推孩子的探究不断深入、发展。其次,材料的层次性还应体现在材料对不同年龄幼儿具有不同探究能力的学习主体的适应性方面,例如:镜子是孩子们常常接触的、喜爱的物品,但是镜子的品种多种多样,对于小的孩子来说首先提供的应该是有正常功能的平面镜、有趣的哈哈镜;然后逐渐增加两面镜、三面镜、多面镜;再随着孩子认知范围的扩大、能力的增强、技能的提高,增加放大镜、显微镜、望远镜、凹凸镜等有专门功能的不同的镜,激发幼儿对身边科学现象、科学工具、科学发明的好奇心和积极性。

　　所以,在科技活动室材料提供方面,也充分体现着教师的教育理念、教育素养和教育策略。

　　4. 操作性和游戏性巧妙结合

　　幼儿阶段是一个以游戏为重要特征的特殊阶段,因此在科技活动室中有许多不同材料让幼儿自己反复操作后感知了平衡;在敲敲打打、听听说说、玩玩试试的游戏中发现了声音的产生和传播;在暗室中试试手电筒、玩玩影子游戏发现了光和影子的秘密等。一些有深奥原理的物理、化学、生物等等现象,幼儿往往通过游戏的形式接触了、发现了、初步感知了,好奇心得以满足了,他们对科学探索的兴趣会更浓了。

　　幼儿在科技活动室的操作活动往往都是和游戏结合在一起的,例如在科技活动室的人体模型操作台旁,孩子们观察人体模型以后,一边把人体模型中的心、肝、胆、肠子等器官拿出来、装进去,一边感受着人的身体的内部器官的结构和特点,但是并不像医生学习人体解剖学一样严密,他们在多次操作中获得的是玩中学、做中学的效果。绝不能像成人在实验室一样系统进行人体结构特点的认识,进行严密的操作。

　　5. 现成设备与自制材料相辅相成

　　随着现代科技的迅速发展,科技活动室的许多操作材料可以通过购买来解决。这样既节省财力也节省人力。因为工业化生产的玩具材料既有专一性又比较耐用,不需要教师花很多的时间制作,而且在制作时往往一些技术难点无法解决,如:

大大小小的齿轮互相带动的有趣现象,如果是幼儿园教师自己制作,很难找到大小配套的齿轮,而且齿轮相互镶嵌的技术和工艺一般教师也无法达到,购买现成的设备是又省时、省力,又便于操作的。

同时,每所幼儿园也必须根据本地区的条件,充分选择提供合适的材料和自制科学玩具,以满足幼儿探索、操作的需求,更能让幼儿感受到"科学真有趣""科学就在我们的身边"。例如:很多农村幼儿园可以就地取材,锯下不同年轮的树段,供孩子"研究关于年轮的问题";关于物体下落路径的"猜猜哪颗球先落下",是南京市实验幼儿园的教师选择窗帘轨道经过加工,组装成长度不一样、坡度不一样的轨道,让幼儿在多次操作、实验中发现物体滚动的惯性现象。再如,教师运用弹簧原理制作的"听话的罐子"把幼儿引入科学的神奇殿堂:当幼儿一次次把罐子滚出去又发现罐子可以一次次"听话地"自动回来,让幼儿产生强烈的追根问底的欲望:为什么我们家的罐子滚出去就不能回来,科技活动室的"魔罐"那么听话? 自制玩具材料可以根据需要设计出供幼儿探究的"秘密"(谜底):在老师的协助下当他们打开"听话的罐子"的罐盖,可以看到罐子里面的重物——小铁块和许多牛皮筋,一边玩一边观察"研究",他们终于发现:原来是罐子里面的牛皮筋和小铁块在变化……

教师自备科学材料、自制科学玩具,可以更好地利用幼儿身边常常见到的物品、资源,满足幼儿的好奇心,感受科学就在自己的身边,引发"自己也来试一试"的探求欲望;同时也使幼儿从小感受到废物是可以再利用的"绿色环保"理念。

(二)幼儿园科技活动室环境设置的使用效益

1. 科技活动室的幼儿自主探究可以引发班级正规科学活动

科技活动室的材料门类丰富、品种繁多,在科技活动室中孩子们可以根据自己的兴趣,自主地作用于材料,他们在操作中会产生更多的问题。教师们善于发现孩子的需要,可以适时地在班级组织教学活动,满足孩子们的好奇心和求知欲。如:孩子们在科技活动室发现了万花筒里面的花纹会变来变去真有趣,又发现不同的万花筒里面的花纹是不同的,万花筒里为什么会有花纹? 不同的万花筒里面的花纹为什么是不同的? 万花筒是用什么做的? ……教师为了满足幼儿的好奇心,在大班就设计了"拆装万花筒"活动,让幼儿在自己动手动脑的过程中发现万花筒的许多秘密。又如:科技活动室的磁性玩具很好玩,中班班级教师适时组织教学活动"认识磁铁",让幼儿在操作、讨论中发现磁铁的特性,感受磁性的神奇。

科技活动室的一些活动与班级教学活动相互配合,可以更好地满足幼儿对自然科学现象、物品、科技产品的好奇心,满足他们继续探索的迫切心理需求,同时,教学活动来源于幼儿的初步基础,可以提升教学的有效性,可以把部分幼儿的兴趣、需要变成更多同伴的兴趣和需要,可以让幼儿在有目的的学习中,在与教师、同伴的共同学习中不仅获得相关科学经验、科学知识、科学技术,而且获得更全面的发展。

2. 科技活动室的专设环境和材料为班级科学教育提供方便

幼儿的科学探究活动往往需要一些设备、材料,但是每次教学活动都创造必要的环境,准备必要的工具、器皿对于教师来说十分费时费力,幼儿的科技活动室可以根据幼儿园的科学教育启蒙性的要求,系列地准备数量能保证全班或半数或小组活动的物品。如:中班的磁性活动需要不同大小的磁铁、多种多样不同质地的材料(木块、棉布、小铁片、回形针、玻璃球),大班的摩擦生电用的皮毛、布、丝绸、摩擦棒,让热水变冷的水温计、量杯等等,每年都要用,科技活动室可以根据幼儿园各个年龄班级的科学教育的需要,分门别类地准备、存储,以提高教师工作的效率。

幼儿园科技活动室的暗房更为幼儿的光影教学提供了既方便效果又好的光的传播、影子与光、物体三间距离关系的生动形象的场景,免去了教师每次上课都要把教室门窗遮挡得严严实实所付出的忙碌。科技活动室的平面镜、两镜、三镜、多镜、哈哈镜更为孩子的自主操作、比较提供了极其丰富的机会。

图 4-5 南京市实验幼儿园科技活动室的部分标本橱

3. 科技活动室的环境材料设施为幼儿自主性探索学习提供有力的支持

幼儿阶段养成学习兴趣比习得学习方法、获得知识更加重要,因此我园在课程中注意低结构化,给幼儿的自主性学习有较大的空间,他们会提出许多问题。如大班动物主题中幼儿提的问题有:如何区分动物的公和母? 动物的胡须有什么用? 动物如何保护自己? 鱼为什么能生活在水中? 还有哪些动物也生存在水中? 为什么有的动物既能生活在水中也能生活在陆地上? ……根据幼儿的问题鼓励幼儿自己寻找问题的答案,他们不仅可以回家找答案,也可以到科技活动室查找图书、观看影像、看动物标本、采访老师……科技活动室丰富的资料为幼儿的主动学科学提供了有力的支持和帮助。

在南京市实验幼儿园,我们常常可以看到大班、中班的孩子带着自己的问题来到科技活动室,有的看科学课件、有的查找图书、有的进行小实验……一个个真是忙得不亦乐乎。在这些忙忙碌碌的过程中,他们不仅仅寻找着问题的答案,体验学习的喜悦,他们自主学习的优良习惯、行为在一次次的"研究"中慢慢奠基。

图 4-6　　　　　　　　　　　　图 4-7

二、幼儿园科技活动室的使用

科技活动室的设置是为了给幼儿学科学提供一个寓科学教育于环境之中、有丰富的探究内容和材料、幼儿可以充分自主选择、用自己的方式探索科学现象、充分与材料互动的专门场所。南京市实验幼儿园总部有十六个班级,幼儿园认真执行各项政策、法规,遵循幼儿发展规律实施保育教育,科技活动室如何变摆设、应付上级检查、客人参观才开放为充分发挥努力满足幼儿好奇心、探索兴趣,培养幼儿爱科学的素质的作用奠定基础? 在研究中我们更加充分地体会到:关键是在正确理念指导下加强管理。

(一) 充分发挥教师的引导作用

1. 有专门负责科技活动室工作的人员

幼儿园科技活动室应该坚持经常开放,并由专门人员负责科技活动室工作。其工作职责是:熟悉科技活动室环境、材料,研究活动内容安排,观察幼儿活动中的表现和需求,了解活动情况,做适当记录和分析,并且恰当进行指导。

科技活动室的专职教师我们聘请有丰富教育经验的快退休或刚退休的工作人员担任,他们精力集中,可以加强科技活动室的管理。也可由业务园长、年级组长或指定专人兼任。

科技活动室的专职或兼职教师应该爱孩子、有专业素养,还应该遵循幼儿自主学习的教育思想,喜爱科学教育,并且心灵手巧。因为科技活动室的活动是为幼儿的自主探索提供充分的机会和条件,而不是只重科学知识的传授,只有在尊重幼儿、相信幼儿的学习能力的理念下,才能真正保证孩子在科技活动室的活动中能够自由选择、自主操作、自主探究。

只有喜爱科学教育的教师才能关注周围科学现象和科学领域的最新成果,主动为幼儿提出的问题寻找资料。只有动手能力强的教师,在科技活动室工作中才能经常创新科学玩具。如:为影子游戏制作幼儿操作的物体、自制大型传声设备、自制科学玩具等。

2. 班级教师要关注幼儿在科技活动室活动的情况,做幼儿学习的积极伙伴、支持者

幼儿在科技活动室的活动一般是自主进行的,孩子们的兴趣、探索的习惯、操作的能力、创造性、遇到的困难、与他人相处的情况……都在比自己班级活动更加开放、随意,班级教师有的跟随孩子进入科技活动室,有的教师在兴趣组活动时又另有任务在其他活动室服务,因此班级教师如果认为"只要孩子去玩了就行啦",采取不闻不问的态度,而科技活动室的教师面临较多的班级和一批批来活动的孩子,不可能都细细地、有针对性地、适时地进行指导,长期下去,就会大大降低幼儿活动的兴趣、活动的效果,不利于幼儿的健康成长。

科技活动室的专门指导教师要积极与班级教师沟通,分享幼儿的探索、成功、创

造、困难、不足、需求……以给幼儿必要的鼓励、支持。班级教师更应该以积极的态度关注自己班的幼儿、了解他们的情况：主动与专用室教师交流情况、与幼儿交谈、请幼儿自己向同伴介绍、在班级陈列幼儿的作品、提出问题让幼儿共同想解决办法……这样教师及时了解了幼儿活动情况，可以更好地满足他们继续探究、实验的兴趣和需要；及时做他们科学探索的伙伴；与他们共同分享取得成功的欢乐、做他们解决困难的支持者、鼓励者。例如，有一次两个孩子从科技活动室回到班上，裤脚潮湿了，这时班级教师没有先批评他们，也没有责怪科技活动室老师，而是及时地帮助他们换了裤子，又让他们说说情况。原来是他们在科技活动室外的阳台山玩"水的流动"，一个小朋友想给水槽中增加一点水，两个人就用水管往水槽中放水，由于没有用水管的经验，所以两个人的裤子就被弄湿了，知道情况以后教师就让班上的孩子共同讨论：如果遇到这种情况应该怎么办？经过讨论全班孩子知道了在科技活动室活动的许多行动方法和规则，使来源于少数幼儿的现实问题，通过积极的方法得以在更大的范围内得到解决，可以共同习得相关的经验。班级教师只要积极关注幼儿在科技活动室活动的情况，就能使幼儿在科技活动室活动的价值得到提升。

（二）合理安排幼儿科技活动室的使用

1. 合理安排科技活动室的活动时间和活动次数

科技活动室的活动时间视幼儿园的班级规模（数量）决定。

南京市实验幼儿园科技活动室的开放时间一般为上午 10：00—11：00，下午 3：00—4：00。（上午 10：00 之前可以保证有的班级科学教学活动要使用科技活动室）

各年龄班亦视幼儿兴趣、能力、保教活动的情况做不同的安排：

小班上学期幼儿刚刚进入集体生活，一般以班级活动为主。

小班下学期可以从参观哥哥姐姐的活动开始，引发对科技活动室的关注，逐步调整为每周一次。

中班全年一般每班、每周两次。

大班上学期每班、每周两次。

大班下学期由于毕业前有更多的教育教学活动，可酌情减至一次。

2. 多样的活动组织形式

南京市实验幼儿园的科技活动室，一般与幼儿园的美工室、电脑室、图书室，以及体育兴趣小组一齐开放，满足同一个年级的所有幼儿的兴趣活动。主要组织形式有如下三种：

（1）班级轮流式，即按照班级编排各班科技活动室活动时间表。

一般每个学期开学初由科技活动室教师和各年级教师协商安排、确定，使每个班级教师和幼儿心中有数。

（2）年级组内自选式，即确定年级组活动时间，年级组内教师合理分工组织。

意大利著名教育家罗里斯·马拉古兹（Loris Malaguzzi）指出：孩子是由一百种组成的。为了更好地满足幼儿不同的兴趣和需要，我们在规定的活动时间，由幼儿自己选择自己希望去活动的地方，年级组内教师固定承担各室的活动组织、指导任务，凡是自选了科技活动室的幼儿不分班级集中在科技活动室活动，由年级组分管的教师和各专用室教师共同组织、指导幼儿活动。这样的组织形式给教师的工作带来一些麻烦，但是却更加符合幼儿的兴趣和需要，这种组织形式一般在大班适用，因为幼儿的能力增强了，他们可以独立自主地进行选择。

（3）按兴趣延续活动式。

有些孩子一个阶段对某一种探究活动有兴趣，而且有连续活动的要求，可以满足他们的发展需要，在一个阶段连续数次选择同一种活动进行。如：在木工区运用工具制作、在装配区拼装自行车、在暗房内玩影子游戏……都需要连续操作、研究，又如在"美好家园区"中幼儿对如何合理地装扮和布置房屋、花园、饲养场，有一个不断丰富、发展的过程，几个孩子可以在一段时间连续选择科技活动室活动，按照他们的想象，让自己建设的"家园"更美好。

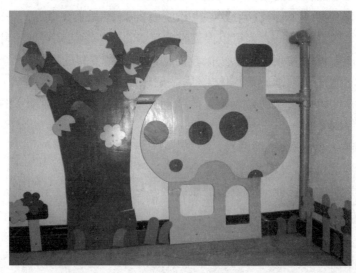

图4-8 幼儿可以自主地选择多种材料美化房屋、装扮环境、布置"家园"

我们体会到：为幼儿提供按兴趣延续活动方式，对于培养幼儿从小静下心来认认真真做好一件事是非常有效的组织形式。

3. 对不同发展状况的幼儿在材料提供、活动组织方面的不同指导策略

幼儿的成长是一个不断发展变化的过程，幼儿时期是儿童在身体、情感、态度、能力、社会性、个性等方面都不断快速进步的特殊时期，因此科技活动室应当注意根据不同年龄幼儿的认知能力、动作发展水平、理解能力、思维水平等等提供合适的材料、内容，以引发、满足他们科学发现、好奇心、操作愿望等等的不同需求。一般对于小班下学期刚刚进入科技活动室的幼儿，主要让他们感受幼儿园科技活动室真有趣：有许许多多东西；真好玩：有神奇的小动画、听话的罐子、小人下梯子、各种各样的镜子……让他们在自己动手操作的过程中感受新奇、有趣，激发他们还要来、还想玩的愿望，那些操作复杂、有一定科学原理的实验材料、比较复杂的操作工具一般要根据幼儿的发展水平逐渐提供给中班、大班幼儿。例如：可以拆装的人体模型，小班幼儿一开始不但不可能理解、拆下、装好复原，而且会产生害怕心理，不利于孩子的科学兴趣的形成和健康成长。

幼儿在科技活动室的活动应该尽量体现自主性、开放性、活动性等特点，同时也需要进行积极的、合理的组织和指导，因为，科技活动室活动材料多，有正确操作、使用、收拾等问题，对于不同年龄阶段的幼儿，对于新来活动的幼儿和已经熟悉环境、养成操作习惯的幼儿，对于继续活动的内容或者增加了新的活动材料的项目，对于能独立活动并且能与同伴共同活动的幼儿和需要特别关照的幼儿，对于一般活动和带着一定任务来活动的幼儿……都需要教师有所思考，认真计划，采取关于活动开始、进行、结束的不同指导策略，才能使每一次活动对于每一个幼儿都是有价值的；对于活动室的环境、材料、玩具、工具等等不是轻易损耗、难于收拾而是能正确地发挥效益。

三、课题研究[①]对幼儿园科技活动室建设和使用的推动

几年的课题研究让我们更充分认识到幼儿园的科技活动室必须能为幼儿提供丰富的、多元的环境和材料，以引发并满足他们求知的欲望，增强他们探索、实验的独立性、自信心，提高他们动手操作的技能和积极思考的习惯。

---

① 指南京实验幼儿园"十五"独立主持课题《幼儿园科技活动室环境材料结构的研究》。该课题为江苏省教育科学立项课题。课题主持人：陈国强。

南京市实验幼儿园的科技活动室环境比较宽大,由室内、室外和阳台组成,可以供幼儿充分活动,在课题研究的过程中教师们更加努力工作,让科技活动室可以更加符合幼儿学习科学的需求。

室内的活动区域划分更加体现动态性,能够根据不同年龄班级孩子的情况适当进行调整,能够根据不同的组织形式适当调整,能够配合不同班级、不同教学内容的需要进行调整,能够根据幼儿园当时的不同主题活动进行调整……例如:当"神六"上天时,科技活动室也为幼儿的探索及时增加了相关的图片、图书、课件、模型等资料、材料,大班幼儿制作的"我们的神六""发射台""未来的神七""各种各样的机器人"等等,都成为全幼儿园孩子感知现代科技的新平台。

为了更好地发挥科技活动室的使用效益,近几年我们的研究团队更加注意充分地发挥科技活动室现有环境的使用效益,不仅注意把科技活动室一角的上下分割的地方设计成"传声区""建筑设计区""汽车区"等,在春、初夏、初秋我们还在科技活动室露天大阳台上增添了沉浮实验、水的流动等专用设备,供幼儿充分、大胆地与同伴共同操作、实验。

使用锤子敲敲打打是孩子们特别是男孩子的最爱,我们注意充分挖潜发挥室外顶棚的使用功能:我们把"宝宝成长模型"调整到一面墙边供幼儿参观,在宽大的空间设置木工区,提供幼儿可以使用的不同木工工具、小块木头、木条、小木板、钉子等,一些幼儿可以像模像样地做起木工活……我们还自行设计了可以拼装的木制栏杆、大树、花等多种材料,幼儿可以根据自己的兴趣创造性地拼建"美好家园"。

为了让孩子更好地感受"科学就在我们的身边",我们在幼儿园室外环境中也增设了体现科学原理的器械,例如:"把自己拉上去",幼儿在一次次拉动绳索让自己升高的过程中感知小小的滑轮的作用;大型"称称有多重"人体称更加有趣,孩子们可以在入园、离园、户外活动时,自主地和家长、同伴称一称有多重,不仅知道了自己和别人有多重,同时感知了关于杠杆、刻度等等的初步经验。幼儿园绿化环境中的鹅卵石小路、木制小路、水泥小路、石子小路……更成为教师与幼儿天天散步时特别喜欢走过的地方,他们边走边感受着不同质地的路面。对周围科学现象的关心、关注,对周围事物的探索、比较,对常见现象的好奇好问、积极思考……幼儿在感受、疑问、寻找问题答案的过程中,爱科学、爱学习、爱探索等重要的学习品质和可贵的科学精神,在与环境、同伴的自然交流中不知不觉地得以培养。

研究的过程是我们对幼儿园科学教育深入学习、探讨的过程,是我们对幼儿园科技活动室的作用进一步认识的过程,同时也是我们进一步端正教育思想、改变指导策略的过程。在研究过程中研究团队也收获着教育理念不断向教育行为、教育过程的转化,收获着经验和成功。幼儿园科技活动室的环境材料的设置以及管理,涉及到幼儿园整体的发展状况,管理者以及专职人员、班级教师的教育理念、教育行为、专业素养等等诸多的因素,在研究过程中我们能够积极学习理论、探讨研究、改革创新、积累经验,取得了成果。但是由于时代发展速度的加快、科技进步的突飞猛进、技术材料创新的日新月异,我们时时感觉到不断遇到新的问题、新的困惑,例如:科技活动室的环境材料以怎样的速度更新既不浪费又能够反映科学的发展?幼儿园科技活动室怎样更好地满足不同年龄、不同兴趣、不同能力幼儿科学探索的需求?专职教师和班级教师之间如何更加密切、有效地沟通?……因此我们要在研究的基础上,让现有经验逐步成为我园(包括先后建立的五所分园)全体教师的经验,并且充分利用外单位来园参观、我园教师外出讲课等机会与幼教同行积极交流,更好地发挥幼儿园科技活动室的使用效能。

南京市实验幼儿园:陈国强

主要参考文献

1. 王志明. 幼儿科学教育. 南京:江苏教育出版社,1990.

2. 王志明. 幼儿园科学教育. 杭州:杭州大学出版社,1993.

3. 王志明,张俊. 学前儿童科学教育,南京:南京师范大学出版社,2001.

4. 黄人颂. 学前教育学. 北京:人民教育出版社,2009.

5. 王志明,孙浣敬. 幼儿园科学技术与社会教育研究:研究·经验·活动设计. 北京:新时代出版社,2003.

6. 王坚红. 学前教育评价. 北京:人民教育出版社,1994.

7. 高一敏. 幼儿科学教育新探. 上海:上海科学技术文献出版社,1997.

8. 朱家雄. 幼儿园课程. 上海:华东师范大学出版社,2003.

9. (美)威廉姆斯 C. 里兹. 培养儿童好奇心:89 个科学活动. 王素,倪振民译. 北京:教育科学出版社,2009.

10. 王志明,张慧和. 幼儿园课程指导丛书·科学(大、中、小班). 南京:南京师范大学出版社,1997.

11. 王志明. 学前教育家文库. 王志明文集. 南京:江苏教育出版社,2007.

12. 教育部基础教育司组织编写.《幼儿园教育指导纲要(试行)》解读. 南京:江苏教育出版社,2002.

13. 中华人民共和国教育部. 3—6 岁儿童学习与发展指南,2012.

14. 王邦惠. 雨中的田野. 学前教育,1986(1).

15. 周加仙,蔡永华. 空间思维能力的认知机制及其对 STEM 教学的启示——与美国 Nora S. Newcombe 院士的对话. 全球教育展望,2013(2).

16. 张宝辉;张红霞;彭蜀晋. 全球化背景下的科学教育发展与变革——2012 国际科学教育研讨会综述. 全球教育展望,2013(4).

17. 12.4%孩子具有"自然缺失症" 宅生活儿童中蔓延. 教育文摘报,2013(26).

18. 幼教新话题:小心 iPad 一代成电子童奴. 扬子晚报,2011－10.

19. 陆正东. 2013 年国际科学教育研讨会资料(摘录),2013.7.

后 记

经过全体编写人员的共同努力,《幼儿科学教育教学法》一书即将出版发行。本书简明、具体、实用,既是学前教育的专业用书,也可作为幼儿教师培训教材,亦可作为"幼儿科学"教师教学的参考书。

全书分为理论篇、活动篇和经验介绍篇三个部分。理论篇共分七章,分别介绍了幼儿科学教育的意义、目标与原则、内容、方法、评价等内容。活动篇提供了25个幼儿科学教育活动设计和2个幼儿观察记录,部分活动设计附有幼儿科学活动的照片。经验交流篇记录了幼儿教师开展幼儿科学教育活动时的思考与做法。

本书理论篇由王志明缮写,活动篇和经验介绍篇由王志明、刘定秀负责汇编资料。本书在编写过程中得到了南京市江心洲中心幼儿园谢金莲、南京市建邺区回民幼儿园赵令燕、南京市实验幼儿园陈国强、南京市浦口区明发东方幼儿园龚月琴、南京市浦口区明发滨江幼儿园张放、南京市六一幼儿园陈红霞、南京市双闸中心小学附属幼儿园赵明霞等老师的真诚热情的支持,他们提供了生动的幼儿科学活动照片和宝贵的教学经验,在此表示衷心的感谢!

王志明
2013 年 11 月